Entscheiden jenseits vertrauter Horizonte

Entscheiden jenseits vertrauter Horizonte

Zukunftsszenarien für evangelische Bildung und Kirche

Herausgegeben von der Evangelischen Kirche in Deutschland (EKD)

Die Deutsche Nationalbibliothek verzeichnet diese Publikation in der Deutschen Nationalbibliografie; detaillierte bibliografische Daten sind im Internet über *http://dnb.dnb.de* abrufbar.

2. Aufl. 2026

Printed in Germany

Das Buch wurde auf alterungsbeständigem Papier gedruckt.

Bei Fragen zur Produktsicherheit wenden Sie sich bitte an info@eva-leipzig.de.

Cover: Anja Haß, Leipzig
Coverbild: © Denis Novikov / iStockphoto.com
Satz: druckhaus köthen GmbH & Co. KG
Druck und Binden: BELTZ Grafische Betriebe GmbH, Bad Langensalza

ISBN Print 978-3-374-08096-0 // eISBN (PDF) 978-3-374-08097-7

www.eva-leipzig.de

Vorwort

Entscheiden ist von großer Bedeutung für Kirche und Bildung. Angesichts der Unsicherheit von Prognosen wird es allerdings zunehmend komplex. Denn gesellschaftliche Umbrüche, Pluralisierungen, Polarisierungen und die beschleunigte Transformation kirchlicher Bindung wirken auf Bildungsprozesse in kirchlicher (Mit-)Verantwortung ein – sei es direkt durch gezielte Entscheidungen, sei es indirekt durch veränderte Rahmenbedingungen.

Der vorliegende Text eröffnet zukunftsweisende Perspektiven und zeigt konkrete Entscheidungsinstrumentarien, um auch zukünftig handlungsfähig zu bleiben. Denn nur so kann hochwertige evangelische Bildungsarbeit weiterhin Kinder, Jugendliche und Erwachsene fördern. Dabei zeigt sich, dass die Logik des Handlungsfelds Bildung und die strategische Entwicklung der Kirchen einander wechselseitig bedingen.

Drei Einsichten sind besonders herauszustellen:

Bildungsverantwortung und Kirchenentwicklung gehören nicht nur zusammen, sondern sind stets umfassend Teil des sozialen Wandels. Kirche versteht sich so nicht allein als Akteurin in eigener Sache, sondern als Mitgestalterin einer Gesellschaft, die nach Sinn, Orientierung und Verlässlichkeit fragt. Umgekehrt ist sie auf Glaubwürdigkeit seitens der Gesellschaft angewiesen.

Religiöse Bildung ist weiterhin eine zentrale Ressource, um in vielfältigen Kontexten zwischen familial-privaten und öffentlichen Lebenswelten neues Orientierungswissen zu gewinnen, gelebten Glauben zu erfahren und kirchliches Leben zu tragen.

Schließlich ist die religionshermeneutische und religionspädagogische Herausforderung, dass kirchliche Akteur*innen Glauben und Religion zum Thema machen und unter zunehmend säkularisierten Bedingungen reichweitenstark dazu Bildungsprozesse initiieren und gestalten, ein Schlüssel zur Transformation kirchlicher Organisationen.

Mehr und mehr wird es wichtig, sich darüber zu verständigen, wie eigentlich in Kirche und Bildung Entscheidungen getroffen werden. Dazu arbeitet dieser Text mit Szenarien als Möglichkeitsräumen. Sogenannte „Schieberegler" verdeutlichen, welche Vorannahmen die jeweiligen Entscheidungen prägen. Unterschiedliche Zukunftsbilder werden sichtbar, Spannungsfelder konkret beschreibbar – zwischen Nähe und Distanz, zwischen institutioneller Stabilität und experimenteller Offenheit, zwischen Stabilität und Disruption.

Diese Szenarien sind exemplarische Instrumente der Selbstvergewisserung. Sie dienen als Anstoß für Leitungsgremien, als Gesprächsgrundlage in Gemeinden, Kirchenkreisen, evangelischen Bildungsorganisationen und Landeskirchen. Der Text richtet sich deshalb zunächst an Menschen, die in Kontexten evangelischer Bildung und Kirchenentwicklung Entscheidungen treffen. Wenn auch Bildungsverantwortliche außerhalb der verfassten Kirchen die nachfolgenden Überlegungen für das Entscheiden jenseits vertrauter Horizonte als gewinnbringend erachten, freut dies die bildungsengagierte evangelische Kirche. Wer immer mit den skizzierten Szenarien arbeitet, gewinnt weiter Klarheit über Möglichkeiten, Grenzen und notwendige Prioritäten.

Die evangelische Kirche bleibt auch in der Gestaltung ihrer Bildungsverantwortung lernende Gemeinschaft – kreativ, verantwortungsvoll, getragen von der Hoffnung des Evangeliums.

Allen, die an der Erarbeitung dieses Textes im Rahmen des Kammernetzwerkes der EKD sowie als externe Fachperson beim Hearing mitgewirkt haben, danke ich herzlich für ihr Engagement.

Hannover, im Januar 2026

Bischöfin Kirsten Fehrs
Vorsitzende des Rates der Evangelischen Kirche in Deutschland

Inhalt

1. Einleitung

Was tun, wenn nicht mehr absehbar ist, was hinter dem Horizont kommt?

Was kommt hinter dem Horizont? Die intuitive Antwort auf diese Frage lautet: Es geht weiter wie davor. Vieles in unserem Alltagshandeln basiert auf dieser Kontinuitätsannahme. Wenn wir auf einem Weg unterwegs sind, dessen Ziel noch nicht in unserem Gesichtskreis liegt, gehen oder fahren wir in aller Regel weiter. Wir gehen nicht davon aus, dass der Weg einfach abrupt endet oder die Autobahn sich plötzlich in einen unbefestigten Kiesweg wandelt. Wir schreiben also das Absehbare gedanklich fort – und fahren in der Regel gut mit dieser Strategie.

Hinter dem Horizont geht es absehbar ähnlich weiter wie davor. In gewisser Hinsicht konnten sich auch Kirchenleitung und -entwicklung sowie kirchliches Bildungshandeln lange Zeit darauf verlassen, dass dem so ist. Es konnten gewisse, einigermaßen stabile Rahmenbedingungen als gegeben vorausgesetzt werden. Dies galt etwa für die Mitgliedschaft einer Mehrheit der Bevölkerung in einer christlichen Kirche und die Prägung der Gesellschaft und ihrer Kultur durch die sog. christlich-jüdische Tradition. Es galt insbesondere auch für das Verhältnis von Staat und Kirche, das der religionsrechtlichen Verfassungsgesetzgebung Deutschlands entsprechend zwar eine Trennung beider, aber eben auch ihr Zusammenwirken bzw. die Religionsfreundlichkeit des Staates und die Demokratiefreundlichkeit der Kirchen (bzw. der Religionsgemeinschaften) vorsieht – und nicht zuletzt für zahlreiche Orte und Formen bildungsbezogenen Zusammenwirkens.

> Zu nennen sind etwa der Religionsunterricht, der an staatlichen Schulen in Übereinstimmung mit den Grundsätzen der Religionsgemeinschaften erteilt wird, zudem die Kindertagesstätten in kirchlicher Trägerschaft, die im Sinne des Subsidiaritätsprinzips an die Allgemeinheit gerichtete Bildungsaufgaben im Elementarbereich wahrnehmen, oder Einrichtungen der kirchlichen Erwachsenenbildung, die über die Weiterbildungsgesetze der Bundesländer als anerkannte Bildungsträger einen gesellschaftlichen Auftrag zur offenen, non-formalen Bildungsarbeit mit und an Erwachsenen haben. Bildungsverantwortliche in diesen Bereichen haben es mit einer doppelten Mandatierung zu tun: Sie sind darauf angewiesen, sich auf der Basis staatlicher Vorgaben erfolgreich zu behaupten. Zugleich richten sie sich am kirchlichen Auftrag der Kommunikation des Evangeliums aus.

Auch dem Innenleben von Kirche, ihrer Entwicklung und ihrer gemeindlichen Bildung liegen Normalitätskonstruktionen zugrunde, die geschichtlich weit zurückreichen und in der Vergangenheit vergleichsweise unproblematisch in die Zukunft hinein fortgeschrieben werden konnten. So bildete die Ortsgemeinde lange Zeit den selbstverständlichen Bezugspunkt von Kirchenentwicklung und Bildungsarbeit. Selbst viele Reformansätze und konzeptionelle Innovationen im Bereich des Kindergottesdienstes und der Christenlehre, der Jugend- und der Konfi-Arbeit, der Erwachsenenbildung sowie näherhin der Bildungsarbeit mit Senior*innen gingen in den vergangenen Jahrzehnten vielfach von der stillschweigenden Voraussetzung aus, dass alle diese Aktivitäten zum Standardangebot von Kirchengemeinden gehören.

Wer aber heute im Feld von Gemeindearbeit oder evangelischer Bildungsarbeit tätig ist und zukunftsorientiert Planungsverantwortung trägt, kann sich immer weniger auf solche Kontinuitätsannahmen stützen. Wenn Kirchenkreis-Verantwortliche oder Presbyterien, Erzieher*innen und Religionslehrer*innen, Pfarrer*innen und Gemeindepädagog*innen, Leiter*innen von Erwachsenenbildungseinrichtungen oder landeskirchlichen Bildungsabteilungen in die Zukunft blicken, tun sie das mit vielen Fragezeichen und nicht selten mit einem mulmigen, schwer bestimmbaren Gefühl. Denn es ist nicht mehr absehbar, was hinter dem Horizont kommt. *Entscheidungen sind, sofern sie überhaupt getroffen werden, unter Unsicherheit zu treffen*, und sie scheinen eine geringe Halbwertszeit zu haben.

Begründet liegt diese Ungewissheit in der Wahrnehmung tiefgreifender Veränderungen, die es fraglich erscheinen lassen, gegenwärtige Verhältnisse zum Ausgangspunkt zukunftsgerichteter Entwicklungsprozesse zu machen. Die Herausforderung für evangelisches Bildungshandeln besteht darin, dass *beide* für sie konstitutiven *Bezugsgrößen – Religion und Bildung – gleichzeitig von solchen Transformationen fundamental betroffen* sind.

Transformationen des Religiösen und der Bildung als Verunsicherungsfaktoren

Für Kirchenentwicklung und -leitung ebenso wie für evangelisches Bildungshandeln ist es seit den 1960er Jahren selbstverständlich geworden, gesellschaftlich wirksame Prozesse religiöser Pluralisierung, Individualisierung und Globalisierung als auch *Verschiebungen in der religiösen Landschaft* wie etwa beschleunigte Entkirchlichungs- und Säkularisierungsschübe wachsam zu registrieren und konzeptionell zu reflektieren.

> Exemplarisch seien dafür hier – mit Blick auf das Bildungshandeln evangelischer Kirche – die beiden EKD-Denkschriften zum Religionsunterricht mit der sie leitenden Programmformel einer pluralitätsfähigen Bildung genannt[1] und zudem die in den Titeln zweier neuerer EKD-Texte artikulierten Perspektiven: „Religiöse Bildung angesichts von Konfessionslosigkeit“ und „Religiöse Bildungsbiografien ermöglichen“.[2]

---

1 Kirchenamt der EKD: Identität und Verständigung, Gütersloh 1994, und Kirchenamt der EKD: Religiöse Bildung ermöglichen, Gütersloh 2014.

2 Kirchenamt der EKD: Religiöse Bildung angesichts von Konfessionslosigkeit, Leipzig 2021, und Kirchenamt der EKD: Religiöse Bildungsbiografien ermöglichen, Leipzig 2022.

Die – in Kapitel 2 näher beschriebenen – *gesellschaftlichen, politischen und religiösen Veränderungen* fordern nicht nur die Ziele und Formen evangelischer Bildung heraus, sondern tangieren das gesamte strukturelle Gefüge, auf dem diese Arbeit basiert. Beispielsweise ist es längst nicht mehr sicher, dass die in der Weimarer und Bonner Verfassung verankerten „gemeinsamen Angelegenheiten“ von Staat und Kirche weiterhin Bestand haben werden. Auch die Staatsleistungen an die Kirchen werden in Politik und Öffentlichkeit zunehmend hinterfragt. Sollte sich das staatskirchenrechtliche Hintergrundgefüge über kurz oder lang deutlich verändern, wie dies in vielen protestantisch geprägten Gesellschaften Europas bereits geschehen ist, wäre der Bereich kirchlich mitverantworteter Bildung von diesen Entwicklungen so fundamental erschüttert wie kaum ein anderes Feld kirchlichen Handelns. Betroffen wären etwa der Religionsunterricht an Schulen, Kindertagesstätten und Schulen in kirchlicher Trägerschaft, weite Teile der kirchlich getragenen, aber staatlich geförderten Jugendarbeit und Erwachsenenbildung, die Ausbildung von Pfarrer*innen, Religionslehrer*innen, Religions- und Gemeindepädagog*innen sowie Erzieher*innen an Universitäten, Hochschulen und Fachschulen.

Ähnlich tiefgreifend dürften Veränderungen sein, die sich durch die Digitalisierung des gesamten gesellschaftlichen Lebens ergeben. Wiederum ist nicht nur, aber doch besonders das Bildungshandeln betroffen, das zugleich besondere Chancen bietet, sich zu den Veränderungen reflexiv und aktiv ins Verhältnis zu setzen.

Aber auch in der *Binnenstruktur von Kirchen* zeichnen sich weitreichende Veränderungen ab. Die Ortsgemeinde bzw. Parochie dürfte immer weniger ein selbstverständliches Organisationsprinzip darstellen: erstens, weil für die Aufrechterhaltung der gegebenen Strukturen personale und finanzielle Ressourcen fehlen, und zweitens, weil von den klassischen parochialen Strukturen schon lange nur eine weiter schrumpfende Minderheit von Kirchenmitgliedern angesprochen wird. Gleichzeitig sind Menschen zunehmend weniger bereit, die Kirche finanziell zu unterstützen, wenn sie für sich keine Angebote finden. Besonders in Großstadtkontexten nehmen Menschen kirchliche (Bildungs-)Angebote vermehrt in Eigenregie wahr.

> Um nur ein Beispiel zu nennen: Die Wahl der Konfirmationsgemeinde ist nicht mehr automatisch durch den Wohnort vorgegeben. Vielmehr suchen sich interessierte Jugendliche bzw. deren Eltern vermehrt im weiteren lokalen Umfeld das für sie attraktivste Angebot aus. Ähnliches lässt sich für die gemeindliche Erwachsenenbildung zeigen oder etwa auch den Besuch gottesdienstlicher Angebote.

All dies macht deutlich: Der Modus, wählen zu können, gewinnt an Bedeutung gegenüber einer „vorgegebenen“ Nutzungsstruktur. Kein Wunder also, dass in vielen Regionen die Jugend- und Konfirmand*innenarbeit oder die Erwachsenen- und Senior*innenbildung schon längst überparochial organisiert und weiterentwickelt werden. Die Beispiele verdeutlichen, dass Veränderungen organisationaler Logiken der Kirchen und die Formatierungen von Handlungsfeldern und Dimensionen kirchlichen Lebens unmittelbar aufeinander bezogen sind, weil sie einander voraussetzen bzw. bedingen.

Hinzu kommen *Veränderungen im Bildungsbereich*, die sich in wachsendem Maße auch in Kontexten evangelischer Bildungsarbeit bemerkbar machen. Auf der einen Seite richtet sich besonders formale Bildung an Schulen immer mehr an Standards aus, die transnational Geltung gewinnen und denen sich an die Allgemeinheit gerichtete Bildungsangebote kaum mehr entziehen können. Diese Tendenz zeigt sich auf der Ebene der Leitkonzepte (Kompetenzorientierung, Inklusion, demokratische Bildung, globales Lernen), der Qualitätserwartungen (nationale und internationale Schulleistungsvergleichsuntersuchungen) wie auch der Bildungsförderung (bundes- und europaweite Ausschreibungen). Sie trifft unmittelbar auch kirchlich mitverantwortete Bildungsangebote, besonders den Religionsunterricht: Doch während andere Fächer bundesweit wie international tendenziell kompatibler werden, zeigt sich das Feld religionsbezogener Schulbildung in Deutschland noch bemerkenswert heterogen und im europäischen Vergleich geradezu singulär. Schulischer Religionsunterricht hat es zum einen mit staatlichem Föderalismus zu tun, zum anderen auch mit kirchlichem Föderalismus. Die wachsenden Inklusionserwartungen (im Blick etwa auf den Umgang mit Beeinträchtigungen und Migrationserfahrungen) setzen angesichts der fortschreitenden Pluralisierung in nahezu allen Lebensbereichen nicht nur den Religionsunterricht, sondern auch kirchlich getragene Kindertagesstätten unter Legitimations- und Transformationsdruck. Im Zuge der Herausbildung eines europäischen Qualitätsrahmens in der Jugendarbeit oder der Erwachsenenbildung müssen sich kirchliche Angebote in einem Umfeld behaupten, das durch anspruchsvollere Förderungsstandards und eine wachsende Konkurrenz charakterisiert ist. Auf der anderen Seite steigt die Bedeutung informeller Bildungsprozesse, die sich im Alltag von Familie, Arbeit, Freizeit etc. quasi „nebenbei" ergeben und in der Kultur der Digitalität einen fruchtbaren Nährboden finden. Die Frage ist, wie sich non-formale Bildungsangebote der Kirche in dem Spannungsfeld von formaler und informeller Bildung, für die es konkrete Settings im kirchlichen Bildungshandeln gibt, behaupten können. Die damit verbundenen Herausforderungen zeigen sich beispielhaft in der Jugendarbeit, die angesichts schwindender Zeitressourcen, veränderter Alltagsstrukturierung und neuer, oft digitaler Vergemeinschaftungskulturen heutiger Jugendlicher kontinuierlich nach neuen Passungsverhältnissen sucht.

Für Akteur*innen im Feld der Kirchenleitung und -entwicklung wie der kirchlich (mit-) verantworteten Bildungsarbeit spitzen sich die Schwierigkeiten im Umgang mit den multiplen Transformationsdynamiken darin zu, dass sie einerseits einen wachsenden Veränderungsdruck wahrnehmen, andererseits aber unter Bedingungen hoher Ungewissheit agieren und in der Gegenwart Entscheidungen fällen müssen, die auf eine nicht absehbare Zukunft vorbereiten und für die sie die Weichen stellen. Dass sich etwa die staatskirchenrechtlichen Rahmenbedingungen ändern, ist zwar eine realistische Möglichkeit, zugleich aber wiederum keineswegs ausgemacht. Bereits ein Blick auf den europäischen Kontext lehrt, dass sich Entwicklungen nicht auf einen Nenner bringen lassen. Was sich hinter dem Horizont verbirgt, kann vieles sein. Damit zeigt sich die Zukunft als offen und ungewiss.

Zwei Gefahren

Aus der Gleichzeitigkeit von Veränderungsnotwendigkeit und perspektivischer Offenheit erwachsen für kirchliche Bildungsarbeit *zwei Gefahren*. Die eine Gefahr liegt darin, dass man sicherheitshalber auf dem Status Quo beharrt. Man versucht, den Unabwägbarkeiten einer aus kirchlicher Sicht potenziell nachteiligen Zukunft dadurch zu entgehen, dass man die Gegenwart auf Dauer stellt. Diese Strategie ist an sich verständlich, verschärft aber die beschriebenen Passungsprobleme kirchlicher Bildungsarbeit – wodurch die Spannungen steigen, denen die Handelnden in diesem Feld ausgesetzt sind. Die andere Gefahr ist die der Resignation. Angesichts der allgegenwärtigen Krisendiagnostik kann sich bei denen, die mit viel Herzblut in der Kirche arbeiten, leicht das Gefühl einstellen, es mit einem unaufhaltsamen Bedeutungsverlust zu tun zu haben. Hinter dem Horizont sei nichts Gutes zu erwarten, eher schon: eine Klippe, eine Sackgasse, eine Wand.

Plädoyer für ein Denken in Szenarien

Diese Publikation stellt Verantwortlichen im Feld evangelischer Bildungsarbeit eine Strategie vor, die aus dieser Zwickmühle – Festhalten am Jetzt auf der einen Seite versus Kapitulation vor einer unabsehbaren Zukunft – herausführt und ihnen Handlungsmöglichkeiten angesichts perspektivischer Ungewissheit eröffnet. An solche Entscheidungsträger*innen in kirchlichen Organisationen sowie im Bereich evangelischer Bildung richtet sich diese Schrift. Wenn nicht mehr absehbar ist, was hinter dem Horizont kommt, kann es sich – hier wie dort – lohnen, in *Szenarien* zu denken.

Szenarien strukturieren den Umgang mit dem, was als relevant und unsicher zugleich gilt. Ihr Ziel ist es, über das Entwerfen möglicher mentaler Bilder dessen, was hinter dem Horizont ist, in der Gegenwart handlungsfähig zu werden. Diese Handlungsfähigkeit ergibt sich daraus, dass anhand solcher Bilder die Schlüsselfaktoren und Implikationen möglicher Zukünfte sichtbar werden und bereits jetzt planerisch in den Blick genommen werden können.

Im Umgang mit jener grundsätzlichen Unsicherheit, die auch vor strukturellen Transformationen kirchlicher Organisationen nicht Halt macht, zeichnen sich gegenwärtig *drei unterschiedliche Erwartungshorizonte* hinsichtlich gesellschaftlicher Entwicklungen ab: So könnten erstens die bisherigen Werte und Entscheidungskriterien in Zukunft erneut an Glaubwürdigkeit und Relevanz gewinnen. In diesem Fall befänden sich Organisationen und ihre Entscheider*innen gegenwärtig in einer Art „Knick“ oder „Tal“, das durchschritten werden müsste, bevor sich die organisationale Lage wieder konsolidiert. Eine zweite Zukunftserwartung besteht darin, dass es zu einem Muster- und Systembruch kommt, der die Organisation in einer Weise betrifft, dass sie ihre bekannten Formen nicht aufrechterhalten könnte. Eine dritte Zukunftserwartung geht schließlich davon aus, dass Organisationen fähig sind oder werden, sich zu Entwicklungen wie Schrumpfung und Minderheitlichkeit so konstruktiv ins Verhältnis setzen, dass sie „mit ihnen leben“ lernen und sich dadurch (kulturell und strukturell) verändern. In all diesen Fällen geht es darum, wie man mit „Verlust“ umgehen kann (Andreas Reckwitz).

Für das Handeln *kirchlicher* Organisationen in Deutschland deutet derzeit auf der Basis empirischer Daten nichts darauf hin, dass in planerisch absehbarer Zeit mit dem Durchschreiten einer „Talsohle“ zu rechnen ist. Vielmehr ist davon auszugehen, dass Kirchen sich auf eine im Blick auf formale Kirchenmitgliedschaft demografische Minderheitssituation einstellen müssen und mit strukturell grundlegend neuen Koordinaten ihres Handelns konfrontiert sind bzw. in Kürze sein werden.

Szenarien über begründet denkbare Zukünfte von kirchlichen Organisationen und Handlungsfeldern gehören in den Bereich des *strategic foresight*. Dabei gilt es, empirische Daten, wie sie beispielsweise mit der Sechsten Kirchenmitgliedschaftsuntersuchung (6. KMU) vorliegen, mit prognostischem Material sowie dem intuitiven Erfahrungswissen verschiedener Stakeholder zu verknüpfen. Daten und organisationale Narrationen bilden gleichermaßen zentrales Ausgangsmaterial in der Arbeit mit Szenarien. Auf diese Weise wird Aufmerksamkeit auf Entscheidungssituationen gelenkt; zudem hilft die gedankliche Infragestellung selbstverständlicher Rahmenbedingungen dabei, sich zukunftsoffen zu positionieren.

Die Auseinandersetzung mit Fragen des Typs „Was wäre, wenn...?“ erlaubt es, verschiedene Zielbilder zu entwerfen und auf ihre Implikationen hin zu befragen. Allerdings ist dafür eine klare und konkrete Ausgangsfrage unerlässlich, etwa: „Wie sieht die Zukunft evangelischer Kindertagesstätten aus?“

Szenarien ermöglichen so probeweise Horizontüberschreitungen, um unter unsicheren Bedingungen Gewissheit über die nächsten Schritte „vor dem Horizont“ zu erlangen. Sie gewinnen an Wirkkraft, wenn sie möglichst anschaulich in die Organisation eingespeist werden, damit auch Personen, die nicht an ihrer Entwicklung beteiligt waren, die Bilder alternativer Zukunft in Gebrauch nehmen können. Die so geteilten Bilder haben das Ziel, strategische Gespräche im Feld der Ausgangsfrage anzuregen: Was bevorzugen wir? Worauf sind wir am besten eingestellt? Was wäre für uns am meisten herausfordernd? Was bedeutet das für unsere Organisation?

Szenarien ermöglichen es somit, neue Erkenntnisse zu gewinnen, ohne zu behaupten, alles zu wissen, und sie ermutigen dazu, auch unter Unsicherheitsbedingungen handlungsfähig zu sein bzw. zu werden. Das betrifft zum einen die Akteur*innen von strategischen Entscheidungen, zum anderen die Organisation im Ganzen, die lernt. Angesichts der zunehmenden Knappheit an Ressourcen gewinnen strategische Überlegungen auch in finanziell motivierten Priorisierungskonflikten an Bedeutung.

Abgeleitet vom Urbild der „Szene" rücken Planen und Handeln in dieser Arbeit nah zusammen – gleichwohl geht es nicht darum, ein bestimmtes Bild der Zukunft als faktisch gegeben oder gar als alternativlos aufzurufen, das dann mittels bestimmter Maßnahmen „erreicht" werden müsste. Ein solch linear-kausales Denken und Handeln würde den vielfältigen Einflüssen, denen kirchliches Bildungshandeln gegenwärtig unterliegt, bereits konzeptionell nicht gerecht.

*Intention und Adressat*innen dieses Textes*

Die vorliegende Schrift will ein solches Denken in Szenarien für eine vorausschauende Kirchenentwicklung und speziell für die Planungs- und Entwicklungsarbeit im Kontext evangelischen Bildungshandelns fruchtbar machen. Mit dieser *Intention* knüpft sie an den von der Kammer der EKD für Bildung und Erziehung, Kinder und Jugend vorgelegten Text „Religiöse Bildungsbiografien ermöglichen" an. Die beiden Texte ergänzen sich wechselseitig. Während in der Richtungsanzeige von 2022 Perspektiven für eine „vernetzte Steuerung evangelischer Bildung" konzeptionell fundiert und schrittweise konkretisiert werden, geht es im Folgenden um die Unterstützung von Leitungsverantwortlichen bei der Bewältigung der oben beschriebenen Gestaltungsherausforderungen im Feld evangelischer Bildung.

Im Sinne des Zielbegriffs einer vernetzten Bildungssteuerung hat diese Schrift vier *Zielgruppen* im Blick: Erstens werden Menschen, Gremien und Leitungsorgane adressiert, die sich schwerpunktmäßig mit Kirchenentwicklung befassen. Zu denken ist hier etwa an Synoden, kirchliche Strategieabteilungen bzw. -referate oder Einzelpersonen mit hervorgehobener Leitungsfunktion. Sie sollen ermutigt und unterstützt werden, in ihrem zukunftsgerichteten Steuerungshandeln der Bedeutung und der Vielgestaltigkeit kirchlich (mit)verantworteter Bildung Rechnung zu tragen. Zweitens richtet sich der vorliegende Text an Menschen, die im Kontext evangelischer Bildungsarbeit übergreifende Steuerungsaufgaben wahrnehmen und daher die verschiedenen Arbeitsfelder zusammendenken müssen. Drittens werden Leitungspersonen und -gremien angesprochen, die für ein solches Arbeitsfeld hauptverantwortlich zuständig sind und auf entsprechend differenzierte und auch konkrete Planungsszenarien angewiesen sind. Auch wenn diese Schrift sich in erster Linie an Bildungsverantwortliche im kirchlichen Kontext richtet, ist es viertens wünschenswert, dass sie auch von Menschen gelesen wird, die sich in anderen Bereichen kirchlichen Handelns für eine vorausschauende Kirchenentwicklung einsetzen. Denn das Grundprinzip einer vernetzten Steuerung gilt ja nicht nur für den Bildungsbereich, sondern für die Gestaltung kirchlicher Entwicklungs- und Reformprozesse in ihrer Gesamtheit. Hier sind Abstimmungen in zwei Richtungen nötig: Horizontal kommt es darauf an, dass Planungen und Entscheidungen über die strategische Ausrichtung von Bildung, Diakonie, Gottesdienst, Seelsorge etc. abgestimmt erfolgen, auch um destruktive Selbstbehauptungs- und Verteilungskämpfe zu vermeiden. Vertikal müssen wiederum Top-down- und Bottom-up-Dynamiken sorgsam ausbalanciert werden. Kirchenentwicklung lässt sich aus evangelischer Sicht nicht von „oben“ nach „unten“ denken oder verordnen: „Im Sinne des allgemeinen Priestertums aller Getauften ist sie vielmehr als ein Geschehen zu konzeptualisieren, das Ideen, Kompetenzen, Impulse aller Akteurinnen und Akteure aufzugreifen sucht und verschiedene Steuerungsebenen vernetzend aufeinander bezieht.“ [3]

Aufbau des Textes und Zusammenfassung des Gedankengangs

Im Folgenden werden die hier skizzierten Anliegen näher entfaltet – der Gedankengang gliedert sich (über diese Einleitung hinaus) in fünf Kapitel:

Den Ausgangspunkt bilden die Sichtung gegenwärtiger Rahmenbedingungen evangelischer Kirchen in Deutschland und ihres Bildungshandelns sowie die Benennung ausgewählter Trends (Kapitel 2) – dabei spielen die Daten der Sechsten Kirchenmitgliedschaftsuntersuchung (6. KMU) als aktuelle empirische Datenbasis eine gewichtige Rolle.[4] Unter *Rahmenbedingungen* wird all das verstanden, was in allen weiteren Erwägungen relevant ist, vorauszusetzen ist und nicht der Wahl der betroffenen Akteur*innen unterliegt. Die Rede von *Trends* macht Prozesse langfristigen Wandels sichtbar, die aus vergangenheitsbezogenen Daten abgeleitet werden.

Auf dieser Basis identifiziert die Schrift sechs *Grundentscheidungen* (Kapitel 3), anhand derer sich Szenarien zukünftigen kirchlichen Bildungshandelns entwickeln lassen. Diese Grundentscheidungen sind nicht binär, sondern in unterschiedlichen Bildungsbereichen in verschiedener Weise skalierbar. Deshalb wird für diese Grundentscheidungen die Metaphorik der „Schieberegler“ verwendet. Dabei kommt es nicht

---

3 EKD 2022 (s. o. Anm. 2), 14 f.

4 Evangelische Kirche in Deutschland: Wie hältst du’s mit der Kirche? Zur Bedeutung der Kirche in der Gesellschaft. Erste Ergebnisse der 6. Kirchenmitgliedschaftsuntersuchung, Leipzig 2023, und: Sozialwissenschaftliches Institut der Evangelischen Kirche in Deutschland (SI-EKD)/Katholische Arbeitsstelle für missionarische Pastoral (KAMP) (Hg.): Wie hältst du’s mit der Kirche? Analysen zur 6. Kirchenmitgliedschaftsuntersuchung, Leipzig/Baden-Baden 2024. Zur Rolle von Bildung in den Befunden der 6. KMU vgl. Bildung und Kirche. Befunde – Deutungen – Handlungsoptionen im Spiegel der sechsten Kirchenmitgliedschaftsuntersuchung, hg. von Bernd Schröder und Johanna I. Hock, Tübingen 2025.

auf die komplizierte physikalische Logik an, die das Bild liefert, sondern darauf, dass verantwortliche Personen an diesen Stellen Entscheidungen treffen können (und z.T. auch müssen), die weichenstellend sind für Folgeprozesse bzw. Szenarien. Je nach Handlungsbereich und seiner Einbettung in andere Gesellschaftsbereiche lassen sich die Regler schwerer oder leichter verschieben, nicht selten hängen die Reglereinstellungen zu verschiedenen Grundentscheidungen zusammen. Kapitel 3 erläutert darüber hinaus ausführlicher als diese Einleitung, was es mit „Szenarien", „Grundentscheidungen" und „Handlungsoptionen" auf sich hat.

In Kapitel 4 werden auf dieser Basis *Szenarien für ausgewählte Handlungsfelder* entwickelt. Mit Kindertagesstätten in kirchlicher Trägerschaft (Kap. 4.1), schulischem Religionsunterricht (Kap. 4.2), Schulen in evangelischer Trägerschaft (4.3), Konfi-Arbeit (4.4), Jugendarbeit (4.5) und Erwachsenenbildung (4.6) werden sechs Felder ausgewählt, die dank ihrer flächendeckenden Verbreitung und ihrer Teilnehmendenzahl über eine große Reichweite und dank der für sie verantwortlichen Mitarbeitenden über profilierte Expertise verfügen, im Blick auf ihre gegenwärtige Verfassung empirisch gut erforscht sind und für die zukünftige Wahrnehmung kirchlicher Bildungsverantwortung und das kirchliche Selbstverständnis von grundlegender Bedeutung sind. Sie sind so strukturiert, dass sich die Logik der Szenarienbildung auch auf andere Arbeitsfelder wie etwa Senior*innenbildung oder musikalische (Bildungs-)Arbeit mit Kindern und Jugendlichen übertragen lässt. Die Szenarien für die ausgewählten Handlungsfelder sind je für sich les- und bearbeitbar, unbeschadet dessen hängen sie jedoch miteinander zusammen: So verträgt sich ein offenes Verständnis evangelischer Kindertagesstättenarbeit nur schwer mit einem geschlossenen Konzept von Konfi-Arbeit oder Erwachsenenbildung.

Solchen Interdependenzen und normativen Implikationen der Szenarien widmet sich Kapitel 5. In drei Durchgängen wird hier beschrieben, welches Verständnis von Kirche in der Wahl unterschiedlicher Szenarien zur Geltung kommt bzw. zu welchem Szenario unterschiedliche Verständnisse von Kirche tendieren (5.1), welches Bildungsverständnis in den Szenarien zum Tragen kommt bzw. welche Szenarien im Lichte eines bestimmten Bildungsverständnisses naheliegen (5.2) und was die entfalteten Szenarien für das Entscheidungshandeln der Kirche als Organisation bedeuten und wie sie handlungsleitend fruchtbar werden können (5.3). Erst im Zusammenspiel der in Kapitel 4 entwickelten Szenarien mit diesen *Bildungs- und Kirchenverständnissen* (Kap. 5) zeigt sich, was auf dem Spiel steht, welche weitreichenden Implikationen bzw. Voraussetzungen die konkreten Entscheidungen im Blick auf einzelne Felder der Bildungsarbeit haben können und welche Szenarien anderen vorzuziehen sind.

Das sechste Kapitel setzt den Gedankengang der ersten fünf Kapitel voraus und unterbreitet *Vorschläge, wie das Beschriebene in konkreten Verantwortungsbereichen aufgegriffen und operationalisiert werden kann – und muss*. Denn der vorgelegte Text will seinerseits keine Entscheidungen fällen oder ihnen vorgreifen, sondern Möglichkeiten ausloten und beschreiben. Was also in diesem Text anhand zentraler Bereiche kirchlichen Bildungshandelns ausgeführt wird, will anleiten zur eigenen Erarbeitung zukunftsrobuster Konzepte auf den verschiedenen Entscheidungsebenen: in einer Landeskirche, in einem Kirchenkreis, einer Parochie oder in einer funktionalen Handlungseinheit des regionalen Bildungsraums. Hier zeigt sich: Szenarien der Wahrnehmung von Bildungsverantwortung können Kirchenentwicklung beeinflussen oder dazu dienen, Leitvorstellungen von Kirche zu realisieren. Anders gesagt – und das ist etwas, das diese Schrift ihren Leser*innen mit Bedacht und Nachdruck vor Augen halten will –: *Kirchenentwicklung und Bildungsverantwortung bedingen sich wechselseitig.* Dieses Aufeinander-Verwiesen-Sein kann sowohl von Szenarien der Bildungsverantwortung als auch von Szenarien der Kirchenentwicklung her gestaltet werden. Jedenfalls wird am Fällen von Grundentscheidungen und Ziehen von Handlungsoptionen deutlich, was kirchliche Akteur*innen gegenwärtig und zukünftig für wichtig halten.

Die vorliegende Schrift ist durch und durch auf die Frage bezogen, wie sich die evangelische Kirche im Kontext der Bundesrepublik Deutschland entwickeln und wie sie unter den hiesigen Gegebenheiten ihre Bildungsverantwortung wahrnehmen soll. So notwendig diese Überlegungen sind, so notwendig sind komplementäre Überlegungen zur ökumenischen Vernetzung dieser Kirche – ökumenisch sowohl im Sinne der Vernetzung mit anderen christlichen Konfession(skirch)en als auch im Sinne der Vernetzung in der Weltgesellschaft. Auch diesbezüglich muss sich die evangelische Kirche entwickeln, auch diesbezüglich muss sie Bildungsverantwortung wahrnehmen und zugleich ihrerseits lernen. Was in dieser Hinsicht ansteht, entfaltet ein gleichzeitig entstehender, zum Teil von denselben Autor*innen verfasster Text zur „Lernenden Kirche im Horizont des globalen Christentums".

2. Rahmenbedingungen und strukturelle Herausforderungen für Kirchenentwicklung und Bildungshandeln

Die evangelischen Landeskirchen in Deutschland befinden sich mitten in einem grundlegenden Wandel. Anfang der 2020er-Jahre ist der Anteil von Mitgliedern der evangelischen und katholischen Kirche in Deutschland an der Gesamtbevölkerung unter die Fünfzig-Prozent-Marke gefallen. Damit ist ein Punkt erreicht, an dem diese beiden großen Kirchen nicht mehr die Mehrheitsposition in der Gesellschaft vertreten. Von religionssoziologischer Seite wird angenommen, dass sich fortan die kirchlichen Transformationsprozesse – Kirchenaustritte und Rückgang des kirchlichen Teilnahmeverhaltens – noch verstärken werden. Die Kirche sieht sich durch eine multiple Krise zu Transformationen auf allen Ebenen und in verschiedenen Handlungsfeldern herausgefordert – nicht zuletzt bei ihrer Wahrnehmung von Bildungsverantwortung.

Eine Erinnerung für die Zukunft: Kirche und Bildung

Anders als in weiten Teilen der bisherigen Kirchenreformdebatte und in vielen konkreten, tatsächlich ablaufenden Reformprozessen wird in diesem Text *Bildungshandeln als Grundaufgabe von Kirche bzw. als unaufgebbares Element einer profilierten kirchlichen Präsenz* verstanden: Deshalb wird die mögliche Entwicklung der Kirche insbesondere auf Szenarien ihres zukünftigen Bildungshandelns hin bedacht. Es geht also darum, ein klares Bild davon zu gewinnen, wo und wie (formale, non-formale und informelle) Bildung gefördert und mit anderen kirchlichen Handlungsfeldern verbunden bzw. synergetisch wirksam werden kann. Die Verbindung von Bildung und Kirchenentwicklung wird somit nicht additiv, sondern komplementär gedacht – und dies verdankt sich reformatorischen Impulsen.

Im reformatorischen Kirchenverständnis gehören Kirche und Bildung eng zusammen. Das Kirchenverständnis der Reformatoren – sei es der Kreis um Martin Luther, sei es derjenige um Huldreich Zwingli und Johannes Calvin – gründet sich auf das „Hören" des Wortes des Evangeliums: Es sollte den Pfarrern in hebräischer und griechischer Sprache zugänglich sein, den Getauften insgesamt in ihrer Muttersprache. Das Evangelium suchten die Reformatoren in mündlicher Kommunikation hörbar und verständlich zu machen – etwa im Gottesdienst oder im Unterricht –, sie nutzten zudem die neuesten Medien ihrer Zeit: Ohne die Verbreitung reformatorischer Flugschriften, theologischer Traktate und gedruckter Bibeln ist die Ausbreitung des reformatorischen Gedankens und der neuen Glaubensweise nicht denkbar. Um namentlich die Bibel oder wenigstens den Katechismus selbst lesen und verstehen zu können, sollten alle die Fähigkeiten des Lesens und Schreibens erwerben, zum Verstehen angeleitet werden und also eine grundlegende (Schul-)Bildung erfahren. Die Kirche, die als „Versammlung der Gläubigen" (CA 7) aus der Predigt, also der Lehre des Evangeliums, und dem Empfang der Sakramente entsteht, bedarf eines Glaubens, der versteht, was geglaubt wird. Da die Kirche ihrerseits für dieses Verstehen zu sorgen hat, nimmt sie selbst eine Bildungsfunktion wahr. Bildung ist daher keine nachgeordnete, sekundäre Dimension der Kirche, sondern integraler Teil der Kommunikation des Evangeliums.

Die Kommunikation des Evangeliums wie die Bildung der Getauften zielen nicht allein auf die Gestaltung des Kirche-Seins, sondern auch auf die Lebensführung ihrer Mitglieder und das gesellschaftliche Zusammenleben. Die Kirche ist darin wirksam, erhält dadurch zugleich Veränderungsimpulse, die sie herausfordern und sich in den Einstellungen, Haltungen und Kommunikationserwartungen der Getauften auswirken. Sie ist, anders gesagt, mit den empirisch zu beobachtenden Veränderungen der kirchlichen Teilnahme und Mitgliedschaft konfrontiert.

Multiple Krise der evangelischen Kirche

In empirischer Hinsicht steht die Betrachtung der (evangelischen) Kirche seit längerem unter dem Zeichen der Krise. So spricht die Entwicklung der Kirchenaustrittszahlen für eine *„Mitgliederkrise"*.

> Die Kirchenaustrittsquote unter den Evangelischen in Deutschland lag zwischen Ende der 1990er-Jahre und 2012 bei ungefähr 0,6 % aller Kirchenmitglieder pro Jahr. Seither hat sich diese Quote, unter anderem in Folge verschiedener (Missbrauchs-)Skandale beider großer Kirchen deutlich nach oben entwickelt. Sie liegt seit 2018 über 1 % und entwickelte sich bis 2023 auf knapp 2 % der Kirchenmitglieder.

Der Anstieg der Austrittszahlen wurde zum Anlass für vertiefte Analysen genommen. Die Befunde sprechen dafür, dass in den ansteigenden Zahlen stabile Faktoren zur Geltung kommen, die auch zukünftig wirksam sein dürften: Die kirchliche bzw. religiöse Sozialisation führt in der Breite der Kirchenmitglieder zu einer nur schwach ausgeprägten Bindung an die Kirche (und an den eigenen Glauben), die sich im Verlauf der Lebensgeschichte weiter abschwächt und nur teilweise neue, stärkende Impulse erhält. Der Kirchenaustritt ist die logische Folge dieser abgeschwächten Kirchenbindung: Ihren Zenit erreicht die Quote der Kirchenaustritte im jungen Erwachsenenalter, wenn im Blick auf Partnerschaft, Beruf (mit Kirchensteuerentrichtung) und Lebensstil eigenverantwortlich verbindliche Entscheidungen anstehen. Doch auch im Senior*innen-Alter treten Menschen aus der Kirche aus.

Beim Vergleich von evangelischen und katholischen Ausgetretenen wird deutlich, dass diese Reproduktionskrise auf evangelischer Seite bereits bei der Generation der Eltern eingesetzt hat, sich auf katholischer Seite nun aber bei der Generation der heutigen Erwachsenen in gleicher Weise zeigt: Auch hier führt *die religiöse Sozialisation in der Kindheit bzw. durch die Eltern* heute nicht mehr zu einer eigenen religiösen Verbundenheit, jedenfalls nicht bei den Ausgetretenen. Wenn die religiöse Sozialisation durch die Eltern bzw. in der Familie insgesamt immer stärker zurückgeht, wird umso entscheidender, ob weitere Sozialisationsinstanzen wie evangelische Kindertagesstätten, Religionsunterricht, evangelische Schulen, Konfi-Arbeit und die evangelische Kinder- und Jugendarbeit an ihre Stelle treten oder ihren Ausfall kompensieren können. Hier kommt die Rolle der Bildungsinstitution im Rahmen spezifischer Bildungsprozesse in den Blick.

In den Ergebnissen der 6. Kirchenmitgliedschaftsuntersuchung (6. KMU) zeigt sich eine geänderte Bewertung von Sozialisationsinstanzen. Es galt jahrelang als gesetzt, dass die Familie und insbesondere die Mutter den entscheidenden Einfluss auf die religiöse Sozialisation ausübt. Die höchste Zustimmung bei den evangelischen Befragten erhielt in der 6. KMU jedoch die – erstmals erfragte – Konfirmation bzw. Konfi-Zeit. So wird deutlich, dass neben der Familie auch *formale und non-formale Angebote kirchlicher Bildung* einen hohen Einfluss auf die religiöse Entwicklung haben, beispielsweise der Religionsunterricht oder kirchliche Jugendgruppen. Auch die laut KMU bedeutsamen Erfahrungen mit haupt- und ehrenamtlichen Mitarbeitenden dürften in hohem Maße bei Begegnungen im Bildungskontext stattgefunden haben.

Die Familie ist allerdings gemäß des oben genannten Ergebnisses aus der 6. KMU keinesfalls bedeutungslos: Mutter, Vater und Großeltern tragen zur religiösen Prägung nach wie vor stark bei. Ein Schlüssel zum Verständnis dürfte darin liegen, dass man die verschiedenen Sozialisationsinstanzen nicht gegeneinander ausspielt. So dürfte den Eltern eine Schlüsselrolle bei der Frage zukommen, ob Kinder beispielsweise einen kirchlichen Kindergarten oder den Kindergottesdienst besuchen. Die Daten der 6. KMU legen nahe, dass familiäre und institutionelle Sozialisation sich gegenseitig unterstützen und nicht isoliert betrachtet werden sollten.

Wie nachhaltig die Mitgliederkrise wirksam ist, zeigt ein Befund aus der 6. KMU, der eine der deutlichsten Veränderungen zur 5. Untersuchung zehn Jahre vorher markiert: Hatten 2012 noch knapp 74 % der Evangelischen auf die Frage nach einem Kirchenaustritt die deutlichste Form der Ablehnung auf der fünfstufigen Skala gewählt („Für mich kommt ein Kirchenaustritt nicht in Frage"), so hat sich dieser Anteil in der 6. KMU mit knapp 35 % mehr als halbiert. Angesichts dessen kommt die 6. KMU zur Prognose, dass im Zeitraum bis 2030 mit dem Austritt von insgesamt 3,2 Millionen Menschen aus der evangelischen Kirche zu rechnen sei. Dabei – auch das ist ein Befund der 6. KMU – lassen sich Menschen nicht allein von persönlichen Kosten-Nutzen-Rechnungen leiten; sie berücksichtigen auch, ob und wie sich die Kirche entwickelt. „Da die Kirche zusätzlich auch durch den demografischen Wandel bzw. bedingt durch eine sinkende Taufquote an Mitgliedern verliert, ist bei dieser Geschwindigkeit damit zu rechnen, dass die von der ‚Freiburger Studie' vorausgesagte Halbierung der Mitgliederzahl bis zum Jahr 2060 tatsächlich bereits in den 2040er Jahren erreicht sein dürfte."[5]

Dieser massive Rückgang an Mitgliedern stürzt die Kirche in weitere Krisen – nicht zuletzt, insofern das Schrumpfen der Mitgliederzahlen mit deutlichen finanziellen Verlusten („*Finanzierungskrise*") verbunden ist. Die laufenden Transformationsprozesse in den evangelischen Landeskirchen sind unterschiedlich angelegt, im Mittel steuern sie bereits auf ein finanzielles Einsparvolumen von 30 Prozent bis 2030 zu, das sich entsprechend auf den Gebäudebestand und die Personalstellen auswirken muss. Mit der

[5] EKD 2023 (s. o. Anm. 4), 58.

Reduzierung des Gebäude- und Stellenbestandes sind auch Strukturentwicklungsprozesse der regionalen Kooperation und Zusammenlegung von Gemeinden verbunden, durch die sich gemeindliche Praxis auf der einen Seite, die funktional strukturierte Arbeit von Diensten, Werken und Zentren auf der anderen Seite stark verändern werden („*Strukturkrise*"). Zudem stellt sich – bedingt durch den demografischen Wandel und den Ruhestandseintritt der geburtenstarken Jahrgänge, der sog. Boomer – trotz des Stellenabbaus eine Lücke beim (theologischen) Personal ein, da die Absolvent*innen-Zahlen in den Studien- und Ausbildungsgängen in Pfarramt und Diakonat für eine zahlenmäßige Kompensation zu niedrig liegen („*Personalkrise*"). Vielfach entwickeln Landeskirchen Konzepte für das Arbeiten in interprofessionellen Teams, um dieser Lücke vorzubeugen und zugleich für die neu entstehenden „Kooperationsräume" andere Arbeitsstrukturen zu entwickeln. Diese sind dann auch vor die große Herausforderung gestellt, mit abnehmenden Ressourcen eine Fülle von (z. T. neuen) Aufgaben erfüllen zu müssen.

Die Befunde der 6. KMU weisen auf eine weitere Krisendimension hin, die *„Krise der Glaubenskommunikation"*, die sich in (weitgehend fehlendem bzw. schwachem) religiösem Selbstverständnis auch der Kirchenmitglieder wie der Gesellschaft insgesamt manifestiert. Die zentrale Einsicht aus der Studie lautet kurzgefasst: Nicht nur die Kirchenbindung geht deutlich zurück, sondern auch andere Formen der Religiosität (soweit sie im Rahmen der KMU erfasst wurden).[6] Zugleich erhalten soziale Aktivitäten der Kirche, namentlich die Lebensberatung für Benachteiligte oder der Einsatz für Geflüchtete, eine überwältigend hohe Zustimmung, selbst bei Nicht-Kirchenmitgliedern. Dieser Befund kann so gelesen werden, dass der tätigen Realisierung des christlichen Glaubens eine hohe gesellschaftliche Relevanz zugemessen wird, ohne dass deshalb der Anschluss an die religiöse Dimension seiner Kommunikation gesucht und gefunden wird.

> Um dies zu veranschaulichen: Belief sich der durchschnittliche Gottesdienstbesuch EKD-weit 2019 noch auf 3,2 % der Kirchenmitglieder, so lag diese Quote im Jahr 2022 (also nach der Corona-Phase) bei nur noch 2,3 %, was einem Rückgang um fast ein Drittel entspricht. So kann der Sonntagsgottesdienst zumindest in zahlenmäßiger Hinsicht nicht mehr als der zentrale Ort kirchlicher Arbeit gelten.

Kirchenentwicklung angesichts multipler Krisen – und die Rolle der Bildung

Die Wechselwirkung von Mitglieder-, Finanz-, Reproduktions-, Struktur- und Glaubenskommunikationskrise bildet die komplexe Ausgangslage und Herausforderung für die gegenwärtige Kirchenentwicklung und das Bildungshandeln der Kirche.

---

[6] EKD 2023 (s. o. Anm. 4), 7 u. ö. Zu dieser umstrittenen Pointe der 6. KMU vgl. etwa Martin Fritz/Edgar Wunder: Verständigung ist möglich. Gemeinsame Einsichten aus der Kontroverse um die Religionsdiagnose der 6. KMU, in: Zeitschrift für Religion und Weltanschauung 87 (2024), 276–283, 278.

Die Ergebnisse der 6. KMU legen es nahe, dass die kirchliche Sozialisation, insbesondere in der Konfi-Zeit und im Religionsunterricht, eine der familiären Sozialisation ebenbürtige Bedeutung gewinnt. Jedenfalls hängt die Zukunft der Kirche in nicht unerheblichem Maße davon ab, ob es gelingt, Kinder und Jugendliche religiös zu sozialisieren und ihre (religiöse) Bildung zu fördern – und: Sozialisation und Bildung erschöpfen sich keineswegs im Aufbau religiöser Wissensbestände und religionsbezogener Kompetenzen („religious literacy"), sondern implizieren u. a. Erfahrungen mit gelebter Religion, deren Wertschätzung durch signifikante Andere sowie die Einbettung von Religion in gelingende Beziehungen. Lernprozesse allein bilden also noch keine vollumfängliche Basis für die kirchliche Bindung, vielmehr müssen sie um den Aspekt des *Community-Buildings, der Netzwerkbildung* und der *gelebten Religiosität* ergänzt werden.

Zudem besteht die kirchliche Bildungsaufgabe nicht lediglich darin, einen grundsätzlich vorhandenen Hunger nach religiöser Orientierung zu stillen, sondern das Interesse an bzw. die Aufmerksamkeit für Religion allererst zu wecken, also die Relevanz von Religion zu plausibilisieren. Die Rede von der Kirche als „Bildungsinstitution" (Reiner Preul) erweist sich damit als herausfordernd. Die religiöse Kommunikation muss den Anschluss an diejenigen Kommunikationsformen und -zusammenhänge gewinnen, die sich für Menschen als verständlich und relevant erweisen.

Die 6. KMU hält für diese Aufgaben auch *ermutigende Fingerzeige* bereit: So zeigen die Daten der 6. KMU entgegen verbreiteter Annahmen, wie stark *die non-formalen Bildungsangebote der evangelischen Kirche* von ihren Mitgliedern wahrgenommen werden. Die evangelische Kirche erreicht(e) mit Kindergottesdienst und Jugendgruppen die Hälfte, mit kirchlichen Kindergärten ein Drittel ihrer aktuellen Mitglieder in deren Kindheit bzw. Jugend. Die Konfirmation gehört zu den von fast allen Evangelischen geteilten Erfahrungen, in Ostdeutschland gilt dies zudem für die Teilnahme an der Christenlehre (und in den Bundesländern, in denen er angeboten wird, dürfte auch der Religionsunterricht von fast jedem evangelischen Kirchenmitglied zumindest phasenweise wahrgenommen worden sein). Überraschend ist dabei auch der folgende Effekt: „Der Anteil der Gesamtbevölkerung, der als Kind oft Angebote der kirchlichen Kinder- und Jugendarbeit wie Gruppen oder Freizeiten besucht hat, nimmt von Generation zu Generation nicht ab".[7] So weisen die kirchlichen Bildungsangebote nach wie vor innerhalb der jeweiligen Altersgruppe von Mitgliedern eine enorme Reichweite auf.

Eine wichtige Spur für die Kommunikation der Kirche mit der gewachsenen Zahl von Ausgetretenen ergibt sich aus der Erkenntnis, dass auch unter den Konfessionslosen *biografische Erfahrungen* mit der Kirche nicht selten sind. Ein Drittel aller Konfessionslosen in Deutschland ist konfirmiert. Will man Menschen, die nicht Mitglied der Kirche sind, auf Kirche ansprechen, ist das Anknüpfen an biografische Erfahrungen in Kindheit und Jugend also bei vielen Menschen möglich. Häufig sind die Erinnerungen an diese Angebote positiv (auch wenn sie bei diesen Menschen offensichtlich einen Austritt nicht verhindert haben). Die Daten der 6. KMU zeigen allerdings auch, dass es kaum eine Rückwendung aus der Konfessionslosigkeit zurück zur Kirchenmitgliedschaft gibt.

7 EKD 2023 (s. o. Anm. 4), 61.

Ein besonderes Augenmerk gilt der *Konfi-Arbeit*, die zu den kirchlichen Bildungsangeboten mit der größten Reichweite zählt. Die 3. bundesweite Konfi-Studie zeigte im Jahr 2024, dass die Konfirmand*innen sehr positiv über ihre Konfi-Zeit berichten. Sie schätzen vor allem die beziehungsorientierten Aspekte wie Konfi-Camps und Freizeiten und äußern eine hohe Zufriedenheit mit den Haupt- und Ehrenamtlichen, die sie dort kennenlernen. Dabei bedingen sich Spaß und Glaubenskommunikation, soziale Erfahrung und inhaltliche Auseinandersetzung gegenseitig. Allerdings führt dies nicht automatisch zu stabiler Kirchenmitgliedschaft. Gleichwohl weist die hohe Bedeutung der Konfirmation und der ihr vorausgehenden Konfi-Zeit darauf hin, dass dieses Arbeitsfeld möglicherweise eine Schlüsselstellung bei der Kirchenentwicklung einnimmt.

Im Vergleich zu anderen Kasualien und einigen Bildungsfeldern sind die Rückgänge bei der Akzeptanz der Konfi-Arbeit geringer, wenngleich sie in den letzten zehn Jahren eingesetzt haben. Vier Fünftel aller evangelischen 13- und 14-Jährigen lassen sich nach wie vor konfirmieren. Zudem ist die Konfirmation der Zeitpunkt, an dem (abgesehen von der Kindertaufe) mit Abstand die meisten Menschen neu zu Kirchenmitgliedern werden: Zuletzt kamen über 8.000 Jugendliche pro Konfi-Jahr neu zur evangelischen Kirche dazu, weil sie sich in der Konfi-Zeit taufen ließen.

Die Konfi-Zeit bedeutet für viele junge Menschen einen Höhepunkt der Intensität ihrer Kirchenbeziehung – und zugleich vielfach auch den Beginn einer wachsenden Entfremdung. Wie die PostKonf-Studie, eine Längsschnittstudie über den Zeitraum von acht Jahren, zeigte, steigt die Wertschätzung von Glaube und Kirche während der Konfi-Zeit zwar an, sinkt danach aber bis ins junge Erwachsenenalter kontinuierlich ab. Dabei wird deutlich: Je stärker nach der Konfi-Zeit der Kontakt mit der Kirche ausgeprägt ist, desto eher weisen auch junge Erwachsene eine positive Haltung zu Glaube und Kirche auf.[8] Vielfach geht dieser Kontakt zur Kirche aber verloren. Die Frage der Übergänge in einen adäquaten Bezug zur evangelischen Kirche nach der Konfirmation ist vielfach nicht gelöst – und gerade für die Altersgruppe der Jugendlichen und jungen Erwachsenen sind die kirchlichen Angebote vielerorts ausgedünnt und wenig attraktiv.

Konsequenz: Bildungsarbeit und Glaubenskommunikation

Wenn die kirchliche Kommunikation des Evangeliums nicht an einer universellen Religiosität anknüpfen und die Relevanz des christlichen Glaubens nicht länger wie selbstverständlich tradiert angesehen werden kann, müssen die Voraussetzungen für die Plausibilisierung des christlichen Glaubens als Weltdeutungs- und Lebenshorizont in der Gegenwartsgesellschaft durch kirchliche und religiöse Sozialisations- und Bildungsprozesse mitgeschaffen und mitgeformt werden. Aus empirischer Perspektive müssen deshalb Formen, Strukturen und Vollzüge kirchlicher Praxis daraufhin beobachtet und geprüft werden, inwiefern es ihnen gelingt, mit der Kommunikation des christlichen Wirklichkeitsverständnisses bzw. Glaubens zugleich die Voraussetzungen für dessen Plausibilisierung zu formen. Dies fordert das bildende Handeln der Kirche ebenso heraus wie andere Formen der Kommunikation des Evangeliums – und es erfordert zudem wechselseitige Verweise, Brückenschläge und Kooperationen zwischen Bildung, Gottesdienst und Hilfe zum Leben.

---

8 Henrik Simojoki/Wolfgang Ilg/Manuela Hees: Konfi-Arbeit in und nach der Corona-Pandemie, Gütersloh 2024, 316–318.

3. Szenarien, Grundentscheidungen und Handlungsstrategien – ein Blick in den Werkzeugkasten, mit dem die Zukunft von Kirchenentwicklung und Bildungsverantwortung reflektiert werden kann

Kapitel 2 dieses Textes hat vor Augen geführt, dass und inwiefern die empirisch beschreibbare Entwicklung der evangelischen Kirchen in Deutschland dazu herausfordert, die angestrebte Entwicklung der Kirche und ihres Bildungshandelns zu entwerfen und neu zu formatieren – und zwar gerade, insofern es weiterhin elementaren reformatorischen Leitideen des Kirche-Seins entsprechen soll.

Bereits in der „Einleitung" wurde unterstrichen, dass hier nicht für eine bestimmte Lösung dieser Aufgabe geworben wird. Im Gegenteil: Dieser Text will zum einen unterschiedliche Szenarien denkbarer Zukünfte von Kirche und kirchlichem Bildungshandeln entwerfen und die ihnen hinterlegten Grundentscheidungen transparent machen, zum anderen die – darauf basierenden – möglichen Handlungsstrategien und Umsetzungsschritte der verfassten Kirche in ihrer Unterschiedlichkeit in den Blick rücken.

Mit Szenarien meinen wir – wie in der Einleitung eingeführt – *mentale Bilder wünschenswerter Zukunft*, also Vorstellungen davon, wie die Kirche und ausgewählte Felder ihres Bildungshandelns in 10–15 Jahren aussehen könnten und sollten. Hier werden solche Szenarien für sechs ausgewählte Praxisfelder kirchlichen Bildungshandelns (Kap. 4) entworfen und deren Implikationen für die Entwicklung sowohl der Kirche insgesamt als auch ihrer Wahrnehmung von Bildungsverantwortung (Kap. 5) bedacht. Diesen Szenarien liegen *Grundentscheidungen* theologischer und bildungstheoretischer Art zugrunde: Sechs solcher Entscheidungen scheinen uns vordringlich zu sein. Sie gilt es bewusst zu machen und dann (je nach Entscheidungsebene) auch zu fällen (dazu unten Abschnitt 3.1). Setzt man diese Entscheidungen in Beziehung zu den Rahmenbedingungen und Trends, werden Konturen einer *Handlungsstrategie* erkennbar: Die Strategie bringt auf den Begriff, wie die Kirche auf ihrer jeweiligen Ebene mit den auf sie zukommenden Herausforderungen umgeht. Soll ein Szenario mittelfristig (d. h. binnen 10–15 Jahren) eintreten, müssen zeitnah Umsetzungsschritte in die Wege geleitet werden. Es gehört deshalb zur Beschreibung eines Szenarios hinzu, seine Chancen und Risiken abzuwägen und eine Auswahl wichtiger *Umsetzungsschritte* zu benennen.

Diese Etappen lassen sich in ihrem zeitlichen und sachlichen Nacheinander so visualisieren:

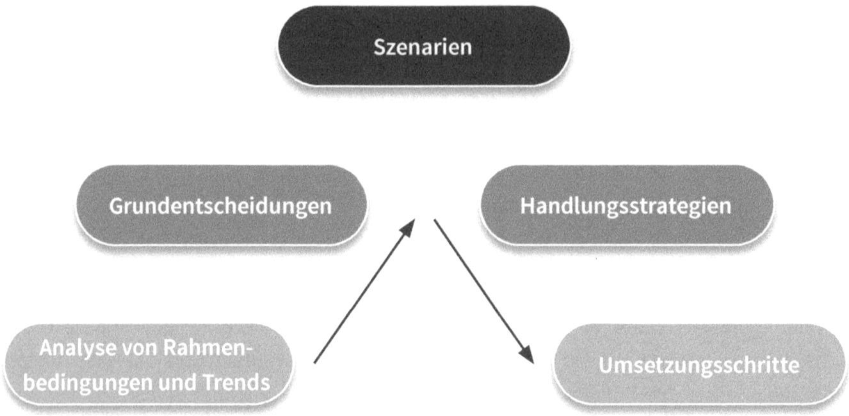

Abb.: Szenarien im Kontext einer Entscheidungs- und Handlungsstrategie

In diesem Denkmodell ist es allerdings nicht so, dass die Analyse der Rahmenbedingungen oder das Fällen von Grundentscheidungen *automatisch* zur Präferenz für dieses oder jenes Szenario führen, und auch nicht so, dass ein Szenario *automatisch* die Entscheidung für eine bestimmte Handlungsstrategie und bestimmte Umsetzungsschritte verlangt. Vielmehr bedarf es für den Weg von der Analyse zum Szenario genauso wie für den Weg vom Szenario zur Handlungsstrategie und zu Umsetzungsschritten an verschiedenen Stellen der *Entscheidung*, die möglichst kriteriengeleitet, transparent und partizipativ fallen sollte.

Neuralgische Punkte, die eine Entscheidung erfordern, sind insbesondere

- die Grundentscheidungen,
- die Wahl eines bestimmten Szenarios, auf dessen Verwirklichung eine Bildungseinrichtung, ein Kirchenkreis oder eine Landeskirche zukünftig hinarbeiten will,
- die Aktivierung einer Handlungsstrategie und dann auch bestimmter Umsetzungsschritte, mit der eine bestimmte organisationale Ebene der Kirche – sei es die Leitung eines Kindertagesstättenverbandes, ein Kirchenvorstand oder eine Kirchenleitung – die Entscheidungen zu operationalisieren versucht,
- die Delegation der Handlungsinitiative an eine bestimmte organisationale Ebene sowie ein bestimmtes Gremium, ein bestimmtes Handlungsfeld und ggf. an bestimmte Personen.

Anders gewendet: Wer das hier angebotene Denkmodell nutzt, sieht sich als Subjekt bzw. „Entscheidungsträger". Die sich derzeit für die Kirchenentwicklung und das zukünftige Bildungshandeln abzeichnenden Rahmenbedingungen implizieren nicht einfach auch schon die angemessene Reaktion darauf, sondern sie lassen unterschiedliche Reaktionen zu – und eben dies ermöglicht und erfordert Entscheidungen.

3.1 Szenarien und die ihnen zugrundeliegenden Grundentscheidungen

Im Nachdenken über die Zukunft der evangelischen Kirche in Deutschland und ihres Bildungshandelns ergibt sich eine überschaubare Zahl möglicher Szenarien, die wiederum mit einer überschaubaren – wenn auch nicht fixen – Zahl von Grundentscheidungen zusammenhängen. Unter diesen Grundentscheidungen kann keine zeitliche oder sachliche Priorität für sich in Anspruch nehmen (auch wenn in vielen Diskussionen dem „Selbstverständnis der Kirche" eine solche leitende Rolle zugespielt wird). Die Zahl dieser Grundentscheidungen ist nicht abgeschlossen, vielmehr mögen je nach Entscheidungsebene manche der hier benannten Grundentscheidungen außerhalb der eigenen Zuständigkeit liegen oder weitere Grundentscheidungen hinzukommen. Diese und mögliche weitere Entscheidungen dieses grundlegenden Typs lassen sich nicht nur mit „So oder so", „Ja oder Nein", also in irgendeiner Weise binär beantworten, vielmehr sind auch Zwischenpositionen möglich und legitim. Um diese variablen Möglichkeiten der Positionierung bewusst zu halten, nutzen wir die Metapher des Schiebereglers und eine entsprechende grafische Visualisierung.

Nicht selten wird die Auffassung vertreten, es sei die rückläufige Entwicklung der kirchlichen Finanzen, die über die Zukunft kirchlicher Arbeit und über ihr Bildungsengagement entscheide. Das ist einerseits insofern richtig, als die finanziellen Möglichkeiten bzw. Grenzen einen Rahmen setzen (der allerdings durch modifizierte Wege des Fundraising seinerseits verändert werden kann), und es ist andererseits nicht richtig, weil auch (und gerade) mit geringer werdenden Mitteln verantwortlich und zielstrebig umgegangen werden muss. So wichtig also fraglos der Faktor „Finanzen" ist, haben wir ihn aus zwei Gründen doch nicht als weitere „Grundentscheidung" rubriziert: Im Blick auf die zur Verfügung stehenden finanziellen Mittel kommt das Modell der „Schieberegler" an seine Grenzen – es ergibt beispielsweise keinen Sinn, den Regler auf „hoch" zu stellen, wenn der faktische Zufluss „niedrig" ist. Anders gesagt: Die finanzielle Entwicklung ist nicht in erster Linie Sache einer „Entscheidung", sondern Objekt einer „Analyse". Eine solche Analyse war weder die Aufgabe der Autor*innengruppe noch lag sie in ihrer Kompetenz. Nichtsdestotrotz ist der Blick auf die finanzielle Entwicklung (und auf Optionen ihrer Veränderbarkeit) auf allen Ebenen bei Entscheidungen über Kirchenentwicklung und Bildungsverantwortung von großer Bedeutung.

Eine erste Grundentscheidung betrifft *die Verhältnisbestimmung zwischen Staat und Kirche(n) bzw. Religionsgemeinschaften.* Diese Verhältnisbestimmung erfolgt von beiden Seiten – prinzipiell unabhängig voneinander und doch de facto in Wechselwirkung. Für die staatliche Seite ist dabei nicht der Schrumpfungsprozess der evangelischen Kirche für sich allein genommen maßgeblich, sondern der Schrumpfungsprozess beider großen christlichen Kirchen zusammengenommen, die noch im Westdeutschland der späten 1980er Jahre ca. 70 % der Bevölkerung repräsentierten. Je nach Kontext ist dieser Prozess gepaart mit einem signifikant ansteigenden Anteil von Bürger*innen, die keiner Religionsgemeinschaft angehören, allerdings auch mit einem relativen Bedeutungsgewinn etwa orthodoxer christlicher Kirchen, verschiedener Strömungen des Islams und des Judentums. Diese Kombination von Entwicklungen wird erwartbar zum einen dazu führen, dass die traditionell besonderen Beziehungen von Institutionen und Repräsentant*innen des Staates zu den beiden bisherigen Großkirchen von staatlicher Seite hin zu einer größeren Symmetrie staatlicher Beziehungen zu einer größeren Zahl von Religionsgemeinschaften modifiziert werden: U.a. wird das Staatskirchenrecht zu einem Staatsreligionsrecht entwickelt werden. Zum anderen dürfte die Entwicklung Anlass geben, die freundliche Beachtung und formale Berücksichtigung von Kirchen und Religionsgemeinschaften in der politisch-ethischen Meinungsbildung (sofern sie staatlich angebahnt und beachtet wird) sukzessive zurückzunehmen – was etwa in deren Mitverantwortung für öffentlich-rechtliche Medien, in der Besetzung von Gremien wie dem Nationalen Ethikrat und womöglich auch in der Außerkraftsetzung von Art. 7.3 GG und des Subsidiaritätsprinzips im Elementarbereich (und anderswo) zum Ausdruck kommen wird. Allerdings zeigen Entwicklungen in den USA, dass der Schrumpfungsprozess traditioneller Religionsgemeinschaften auch mit erhöhter Sichtbarkeit oder verstärkter politischer Gewichtung non-formaler Religionsformationen einhergehen kann, etwa sog. evangelikaler Gruppierungen.

Kirchlicherseits wird in Wechselwirkung damit eine Abkopplung von staatlichem Wohlwollen, von entsprechender Förderung und synergetischer Meinungsbildung möglich – im Bildungsbereich könnte dies etwa den Rückzug aus der subsidiären Trägerschaft für Kindertagesstätten, die Nicht-Inanspruchnahme von Art. 7.3 GG oder den Verzicht auf staatliche Re-Finanzierung von Erwachsenenbildung bedeuten. Die Kirche(n) können allerdings auch dezidiert für eine Fortschreibung der Kooperation mit dem Staat optieren und so einen Akzent auf die öffentliche Zugänglichkeit ihrer Bildungsformate setzen.

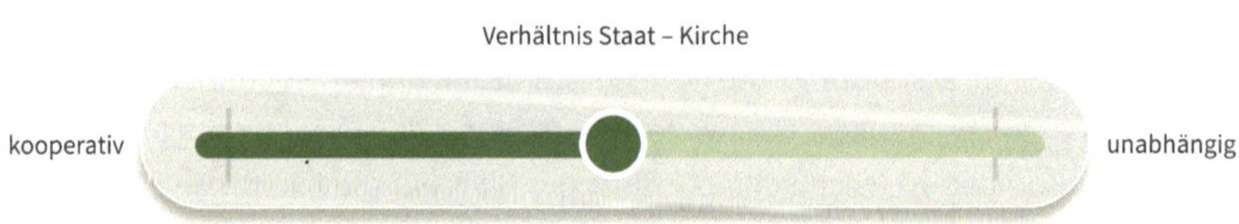

Als zweite Grundentscheidung ist diejenige über den *Stellenwert und* die *Gewichtung der gesellschaftlichen Reichweite kirchlichen Handelns* zu benennen. Diese Reichweite äußert sich beispielsweise in der massenmedialen Präsenz der evangelischen Kirchen, in der öffentlichen Resonanz kirchlicher Positionierungen oder, für den Bildungsbereich besonders wichtig, in der subsidiären Mitwirkung der Kirchen an staatlich bestimmten Funktionsbereichen, die sich an die Allgemeinheit richten. Zu denken ist hier etwa an das Bildungssystem, das Gesundheitssystem oder das Wohlfahrtssystem.

In Entsprechung zur demografischen Entwicklung wird diese Reichweite erwartbar rückläufig sein. Die Kirche kann eine solche Reduktion bejahen und entsprechend ambitionierte Aktivitäten auf punktuelles Engagement zurückbauen oder aber ihr widerstehen und – gerade deshalb, trotzdem oder aus prinzipiellen Gründen – deutlicher auf öffentliche Wahrnehmung, Mitwirkung und Diskussion hinwirken, etwa durch Akzentuierung gegenkultureller Botschaften, und so auf flächendeckende Wirksamkeit abheben.

Eine dritte Grundentscheidung gilt der *Präferenz für oder gegen eine bestimmte kirchliche Handlungslogik und für oder gegen eine bestimmte Handlungsebene* (mit ihren Akteur*innen): So wird es für die zukünftige Entwicklung einen Unterschied machen, ob die Kirche vor Ort, im gegebenen Sozialraum bzw. in der Region bestmöglich auf die dort erkennbaren Aufgaben, Bedarfe und Herausforderungen zu reagieren versucht (und deshalb in der Gemeinde bzw. dem Kirchenkreis die wichtigsten Akteursebenen sieht) oder ob sie ihr Handeln funktional ausrichtet und etwa für die drei Modi der Kommunikation des Evangeliums – gemeinschaftlich feiern, lehren und lernen, zum Leben helfen – Expertise und an geeigneter Stelle punktuell gelingende Handlungsformate vorhält (und deshalb eine strategische Kirchenleitung als wichtigste Akteursebene betrachtet). Im ersten Fall würde sie versuchen, in der Fläche zu wirken, im zweiten Fall ginge es ihr um exemplarisches Handeln.

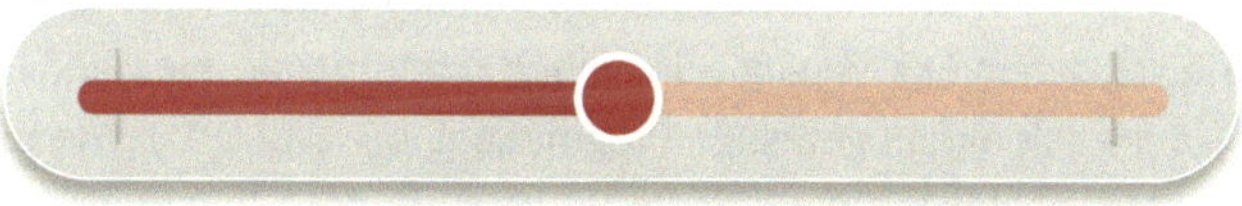

Von grundlegender Bedeutung ist viertens die Entscheidung darüber, ob die evangelische Kirche sich eher als auf *Eigenständigkeit bedachte bzw. auf sich allein gestellte Akteurin* begreift, die ihrer Botschaft und ihrer Konfession, ihrer Organisation und ihrer Konfessionskultur zu bestmöglicher Darstellung und Wirkung verhelfen möchte, *oder* ob sie sich stärker als *Teil der Ökumene* (im Unterschied zu anderen Religionen*) bzw. der religiösen Kräfte* (im Unterschied zur konfessionslosen oder dezidiert religionskritischen Bevölkerung) versteht und also im jeweiligen Verbund erkennbar und wirksam zu werden versucht. Dieser Schieberegler lässt sich auf das Begriffspaar „konfessionell fokussiert" vs. „pluralistisch-kooperativ" bringen.

Eine fünfte Grundentscheidung, die weniger organisatorische Weichenstellungen und die Wirksamkeit nach außen als vielmehr die konzeptionelle Orientierung im Inneren betrifft (die dann freilich auch nach außen wirksam wird), bezieht sich auf den *Fokus kirchlichen Bildungshandelns*. Zwar sind die Orientierung an der (Vermittlung der) Sache einerseits und an der (Förderung der) Subjekte andererseits nicht per se gegenläufig oder gar unvereinbar, doch in didaktischen Konzeptionen und in unterrichtlicher Interaktion sowie schließlich auch in der Ausrichtung ganzer Felder kirchlichen Bildungshandelns rücken beide Orientierungen nicht selten in ein Verhältnis der Konkurrenz oder jedenfalls einer unterschiedlichen Akzentsetzung. Liegt der Kirche primär an der Multiplikation ihrer Sache oder an der uneigennützigen Förderung von Menschen, die ihre Einrichtungen aufsuchen bzw. ihre Handlungsformate in Anspruch nehmen?

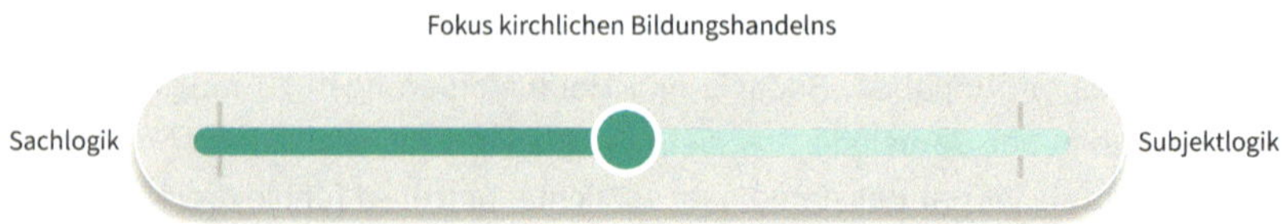

Schließlich betrifft eine sechste Grundentscheidung *das je eigene Verständnis von Kirche*. Auch hier lassen sich polare Konstellationen erkennen, etwa zwischen einer – sei es diakonisch-ethisch oder missionarisch exponierten – Kirche für andere und einer nach innen gerichteten – spirituell orientierten oder dem Fördergedanken verpflichteten – Kirche derer, „die mit Ernst Christen sein wollen" (Martin Luther). Dieser basalen Polarität können sehr unterschiedliche Traditionen und Begründungen unterlegt werden (und sie können auf unterschiedlichen Ebenen reflektiert werden, etwa in der systematisch-theologischen Ekklesiologie, in einer Kirchentheorie, die Handlungsoptionen prüft, oder auch – mit einem gewissen Pragmatismus – „vor Ort"). Wie dem auch sei: Sich Rechenschaft abzulegen über die im Raum stehenden Verständnisse von Kirche und darüber nach Möglichkeit Einvernehmen zu erzielen, ist ein häufig entscheidender Schritt, um Entscheidungen über Szenarien, Handlungsstrategien und Umsetzungsschritte zu treffen – allerdings ein Schritt, der mit allen weiteren hier herausdestillierten Grundentscheidungen zusammenhängt. Wird dieser Schritt nicht absichtsvoll und explizit getan, wird er sich unabsichtlich und unreflektiert zur Geltung bringen.

3.2 Handlungsstrategien und Umsetzungsschritte

Das Fällen der in 3.1 identifizierten und beschriebenen Grundentscheidungen konstituiert Szenarien zukünftigen Kirche-Seins und Bildungshandelns. Sie bilden in diesem Sinne die Folie für verschiedene Handlungsstrategien der Kirche – im Allgemeinen wie im Feld der Bildungsarbeit im Besonderen. Diese Handlungsstrategien verstehen wir (wie gesagt) nicht als mehr oder weniger automatisch folgend aus den jeweils gegebenen Umständen; sie markieren vielmehr Möglichkeiten, sich kritisch-konstruktiv zum Kontext und im Kontext zu verhalten. Näherhin ergeben sich auch bei diesen Handlungsstrategien mehrere Typen, die schon verschiedentlich skizziert wurden:[9]

- Eine Handlungsstrategie *(A – Widerstreit)* zielt darauf ab, den vorfindlichen Trends und den als dominant wahrgenommen Gegebenheiten entgegenzuarbeiten. Ein Beispiel: Zwar nimmt man die eigene Statusveränderung in Richtung einer Minderheitenkirche wahr, betont gleichwohl die öffentliche Sendung und Wirkung und bleibt deshalb ein Player im öffentlichen Bildungssystem.

- Ein anderer, verwandter Typus *(B – Bündnis)* könnte darauf zielen, die Grenzen des Eigenen durchlässig bzw. offen zu gestalten und Verbündete zu suchen: Was die Evangelische Kirche allein nicht länger ermöglichen kann oder will, aber gleichwohl für sinnvoll oder geboten hält, sucht sie, zusammen mit anderen zu betreiben – zum Teil mit anderen *christlichen* Kirchen („Ökumene") und/oder zum Teil mit weiteren (abrahamitischen) Religionen.

- Ein wieder anderer Typus von Handlungsstrategie *(C – Adaption)* besteht darin, sich von vorfindlichen Trends leiten zu lassen und angesichts der gegebenen Umstände zu versuchen, das Beste aus der Situation zu machen. Ein Beispiel: Die Kirche akzeptiert ihren Schrumpfungsprozess, zieht sich aus der Fläche und weithin auch aus öffentlicher Mitverantwortung zurück, setzt aber auf exemplarisch-zeichenhaftes Handeln, das ihr eine gewisse Strahlkraft erhält.

- Und eine vierte Handlungsstrategie *(D – Selektivität)* könnte darauf zielen, die Trends und Umstände zu evaluieren, sich kritisch gegen Faktoren zu wenden, die das eigene Kirche-Sein zu stören scheinen, und sich solche Faktoren zunutze zu machen, die diesem Kirche-Sein förderlich sind. Ein Beispiel: Die Kirche nimmt die ihr zugeschriebenen Veränderungen wahr, zieht sich aus Feldern zurück, die ihre neuen finanziellen, personellen und motivationalen Möglichkeiten überschreiten, bleibt aber dort mit erheblichem öffentlichkeitswirksamen Engagement präsent, wo sie dies als unmittelbar auftragsgemäß identifiziert.

[9] Diese Typen orientieren sich an Anita Stauffer (Hg.): Christlicher Gottesdienst. Einheit in kultureller Vielfalt, LWB-Studien, Hannover 1997, 29–35.

Jeder dieser vier Typen würde auf anderen Grundentscheidungen basieren und auf unterschiedliche Szenarien hinwirken – die Handlungsstrategien bilden also einen unterschiedlichen Umgang nicht nur mit den Gegebenheiten ab, sondern auch unterschiedliche Grundentscheidungen.

Das notwendige Tun geht allerdings im Entwickeln von Handlungsstrategien nicht auf; sie müssen ihrerseits in Umsetzungsschritte überführt werden, die den Weg vom Ist-Zustand zum gewünschten Szenario weisen und ebnen. Solche Umsetzungsschritte werden hier zu jedem der praxisfeldspezifischen Szenarien (in Kap. 4) wie der Szenarien von Kirchenentwicklung und Bildungshandeln (in Kap. 5.1 und 5.2) zumindest exemplarisch benannt.

4. Entfaltung von Szenarien in Praxisfeldern

Im Folgenden werden für zentrale Felder kirchlich verantworteten oder mitverantworteten Bildungshandelns verschiedene handlungsleitende Szenarien beschrieben und reflektiert. Berücksichtigt werden die Bereiche Kindertagesstätten in evangelischer Trägerschaft, Religionsunterricht an staatlichen Schulen, evangelische Schulen, Konfi-Arbeit, Jugendarbeit und die erwachsenenbezogene Bildungsarbeit. Dabei ist vorausgesetzt, dass sich das zuletzt genannte Feld lebensalterspezifisch weiter ausdifferenzieren lässt. Wie im EKD-Text „Religiöse Bildungsbiografien ermöglichen" ausgeführt, liegen insbesondere im Bereich der Senior*innenbildung große Chancen und neue Herausforderungen einer lebenslauforientierten Bildungsarbeit und Kirchenentwicklung.[10]

Die jeweiligen Szenarien werden unter Bezug auf die oben benannten zentralen Grundentscheidungen, visualisiert durch die „Schieberegler", skizziert, zudem werden ihre Implikationen, Konsequenzen und möglichen Probleme beschrieben und damit kirchlich Verantwortlichen Grundlagen für eigene Strategieentscheidungen an die Hand gegeben. Empfehlungen für spezifische Szenarien werden *nicht* ausgesprochen.

Dargestellt werden jeweils eigenständig beschreibbare Szenarien. Das bedeutet jedoch nicht, dass es nicht auch Schnittflächen, fluide Übergänge und die Möglichkeit gibt, Aspekte sinnvoll miteinander zu kombinieren. Die Stellung der Schieberegler gibt dabei hilfreiche Hinweise: Wo diese nicht übereinstimmen oder zumindest auf „neutral" gestellt sind, sondern in konträre Richtung weisen, zeigen sich Inkompatibilitäten zwischen Szenarien an.

Das gilt es im Gesamtblick auf die kirchliche Bildungsarbeit zu beachten: Wenn die Schieberegler in den verschiedenen Bereichen sehr unterschiedlich gestellt werden, ist zu fragen, inwieweit im Leitungshandeln ein gemeinsam geteiltes Verständnis der Rahmenbedingungen vorliegt und konsistente Grundentscheidungen getroffen werden oder – anders gesagt – inwiefern differierende, vielleicht auch in Spannung stehende Kirchenbilder und Bildungsverständnisse zur gleichen Zeit handlungsbestimmend sind und damit sowohl Kirchenentwicklung als auch die Wahrnehmung von Bildungsverantwortung wechselseitig blockieren können.

[10] EKD 2022 (s. o. Anm. 2): 123–128.

4.1 Kindertageseinrichtungen in kirchlicher Trägerschaft

Über 9.100 aller Kindertageseinrichtungen befanden sich laut dem letzten Evangelischen Bildungsbericht[11] im Erhebungsjahr 2020 in Trägerschaft von Evangelischer Kirche und Diakonie. Knapp 580.000 Kinder wurden von etwas mehr als 100.000 pädagogisch hauptamtlich Tätigen in den Einrichtungen in der Trias von Bildung, Erziehung und Betreuung begleitet. Zwischen 2015 und 2020 wuchs die Zahl der Kinder um 10,4 %, die Zahl der Einrichtungen um 4,7 %. Seit Einführung des Rechtsanspruchs auf frühkindliche Förderung in einer Tageseinrichtung ab dem vollendeten ersten Lebensjahr wurde besonders das U3-Angebot deutlich ausgebaut. Erfasste Träger waren im Jahr 2020 zu 76,8 % Kirchengemeinden, die für weniger als die Hälfte der Einrichtungen (48,2 %) verantwortlich waren. Ein Viertel der Einrichtungen befand sich in Trägerschaft von kirchlichen Verbünden, 14,4 % waren der Diakonie zugeordnet. Insgesamt besuchten 2020 rund 15.000 Kinder mit Eingliederungshilfe evangelisch getragene Einrichtungen, die im Trägervergleich den höchsten Anteil an Einrichtungen mit mindestens einem Kind mit Eingliederungshilfe hatten (46,2 %; zum Vergleich: alle Träger 38,2 %).

Der Bereich der Evangelischen Kindertageseinrichtungen spielt im Bildungshandeln der Evangelischen Kirche eine bedeutende Rolle. Belege dafür bieten u. a. die Daten der Evangelischen Bildungsberichterstattung. Die evangelische Kirche hat in den vergangenen Jahren trotz rückläufiger Mitgliederentwicklung und zurückgehender Finanzkraft durch intensive Beteiligung am dynamische Ausbaugeschehen im Kitabereich ihren Anteil an Verantwortungsübernahme für frühe Bildung mit 15,8 % an allen Einrichtungen stabil gehalten.

Offen ist die Frage, ob dies auch in der weiteren kirchlichen Entwicklung so bleiben soll. Jede Entscheidung in dieser Hinsicht – ob stabile Beteiligung, schrittweiser Um- oder ein Rückbau der evangelischen Trägerschaft – sollte konzeptionsgeleitet erfolgen, also auf Grundentscheidungen basieren und in Handlungsstrategien überführt werden. Sechs mögliche Szenarien werden im Folgenden skizziert.

Szenario 1: Kirche-Sein in der Welt und für die Welt – Kita-Trägerschaft als evangelisch profilierte Beteiligung an einem allgemeinen gesellschaftlichen Bildungsauftrag

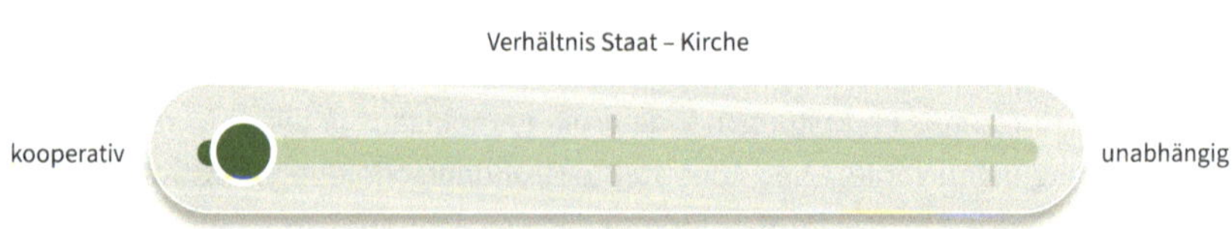

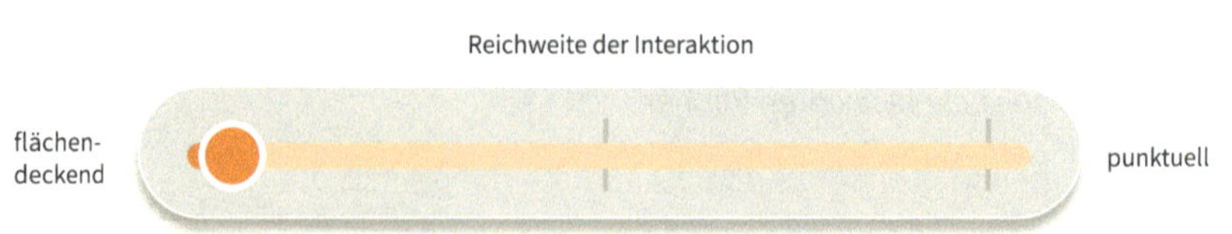

[11] Vgl. Comenius-Institut: Evangelische Tageseinrichtungen für Kinder (EBiB 7), Münster 2024.

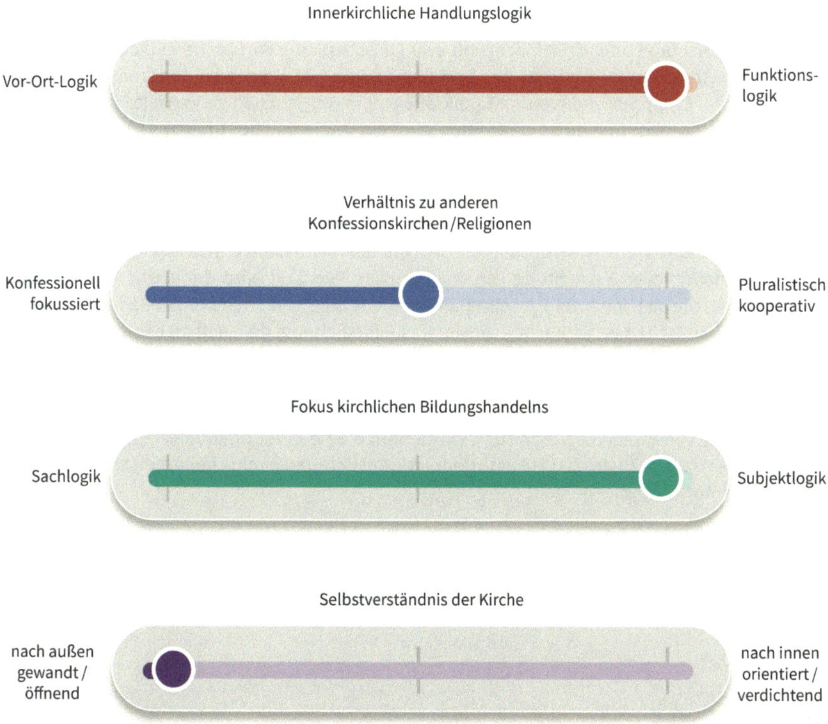

Evangelische Kita-Trägerschaft versteht sich in diesem Szenario als erkennbar kirchlich geprägter Beitrag zu einem allgemeinen gesellschaftlichen Bildungsauftrag. Kirche versteht sich dabei als Kirche in der und für die Welt – verbunden mit dem Ziel, als verlässlicher und gesellschaftlich relevanter Anbieter im Bereich der Elementarpädagogik sichtbar zu sein und dabei in großer Offenheit und unabhängig von kirchlicher Bindung der Nutzer*innen in der Ausgestaltung seiner Kitas erfahrbar werden zu lassen, welches Selbstverständnis, welche Lebenshaltung, welches Menschenbild und welches Bildungsverständnis sich mit evangelischem Christsein verbindet, in welcher Weise und mit welcher Gründung Kirche in der Welt wirksam und prägend sein möchte – um so mit dem eigenen Bildungsverständnis und der spezifischen Prägung gesamtgesellschaftlichen Einfluss zu nehmen und darin auch einladende und missionarische Impulse zu setzen.

Nimmt man die Beobachtung der 6. KMU ernst, dass konfessionelle Differenzen zwischen evangelischen und katholischen Kirchenmitgliedern kaum mehr eine Rolle spielen, ist in diesem Szenario auch eine enge ökumenische Zusammenarbeit denkbar. Verschiedene Ausprägungen sind dabei möglich – von einem zwischen evangelischer und katholischer Kirche in der Fläche abgestimmten Vorgehen hinsichtlich der Übernahme bzw. Aufgabe von Trägerschaften über inhaltlich-konzeptionelle Zusammenarbeit bis hin zu Formen gemeinsam verantworteter Trägerschaft.

Chancen und Grenzen

Um möglichst breit und in der Fläche mit evangelischen oder christlichen Kindertageseinrichtungen vertreten zu sein, müsste das bestehende Angebot ausgebaut oder zumindest gehalten werden. Entsprechend werden Fachkräftegewinnung, tragfähige Verwaltungsstrukturen, Fortbildungsarbeit, Qualitätsmanagement und ein verbandlicher Überbau zu gewährleisten sein.

Eine damit einhergehende notwendige Ressourcenverlagerung angesichts zurückgehender Finanzkraft der Kirchen ist dann umsetzbar, wenn dieses Szenario als Teil eines kirchlichen Gesamtkonzeptes von Transformation parochialer Verfasstheit und Rückbau klassischer (kern)gemeindlicher Ausrichtung verwirklicht wird. Gestärkt wird dann eine Konfiguration von Kirche, die sich innerhalb gesellschaftlicher Vollzüge und an Schnittstellen zwischen Kirche und Gesellschaft verwirklicht – wie der Kasualbegleitung, der Seelsorge in institutionellen Kontexten (in der Schule, im Krankenhaus und Gefängnis, in Polizei oder Militär), dem diakonischen Handeln und insgesamt der Bildungsarbeit (Konfi-Arbeit, Kitas, Religionsunterricht, Evangelische Schulen, Offene Türen, Einrichtungen der Familien- und Erwachsenenbildung). Der Einsatz von Kirchensteuermitteln würde durch eine hohe öffentliche Förderung Hebelwirkung entfalten. Zugleich wäre eine deutliche Ausrichtung kirchlicher Arbeit an öffentlichen Vorgaben notwendig.

Szenario 2: Kitas als kirchliche Orte

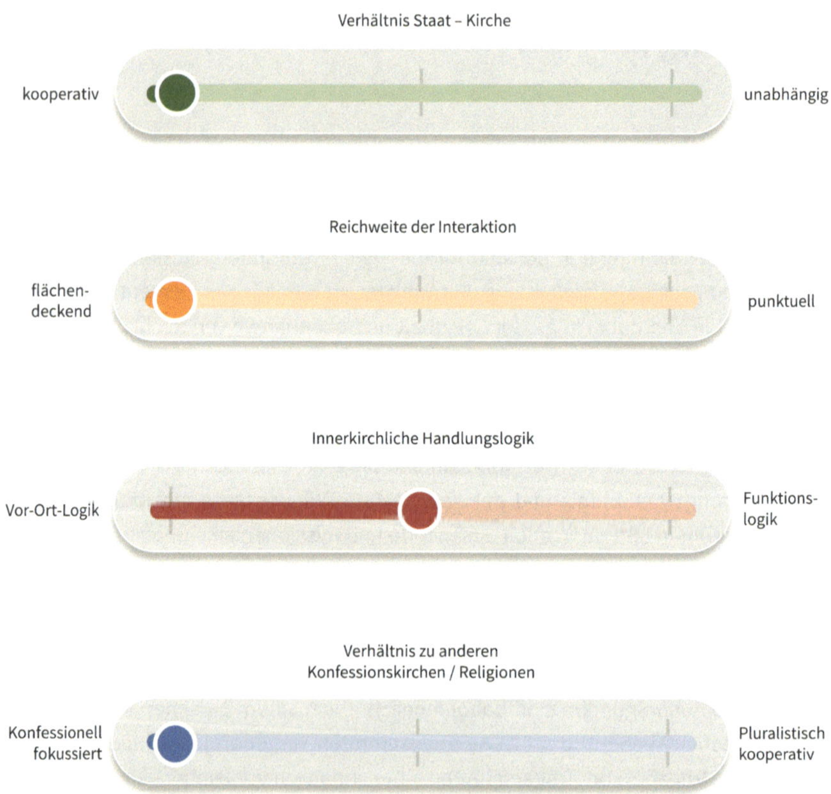

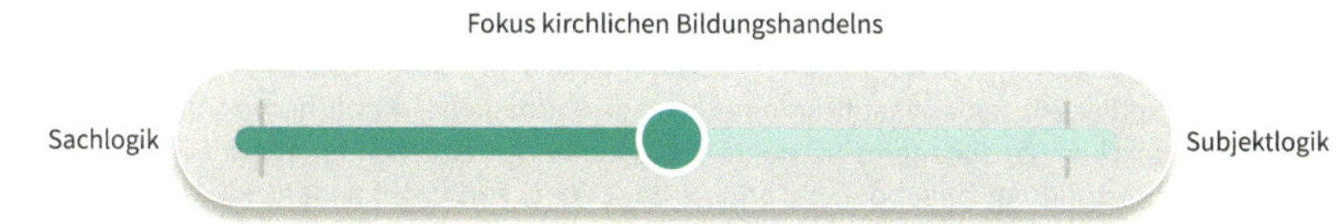

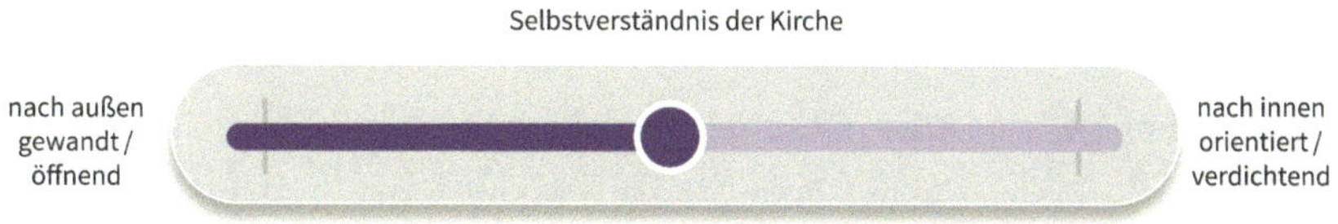

Evangelische Kita-Trägerschaft vollzieht sich in einem zweiten Szenario unter der Perspektive, Kitas als eigenständige kirchliche Orte zu verstehen. Sie bleibt einerseits ein offenes, nicht auf eine kirchliche Zielgruppe fokussiertes Angebot und damit Teil des öffentlichen Regelangebotes frühkindlicher Bildung unter Nutzung von und Verantwortung vor einer öffentlichen Finanzierung. Zugleich ist sie im Rahmen dieses Konzeptes in ihrem Selbstverständnis in vollständigem Sinne Verwirklichung von Kirche.

Zentral ist hier, dass die Kita nicht abgeleitet von der Anbindung an und Einbindung in eine Parochialgemeinde zum kirchlichen Ort wird, sondern dies auf eigenständige und spezifische Weise ist. Damit kann dieses Konzept besonders dort eine Bedeutung gewinnen, wo – etwa im städtischen Kontext – im Rahmen von gemeindeübergreifenden Räumen oder Fusionen hin zu Großgemeinden – gemeindliche Standorte konzentriert werden, oder – auf Zukunft hin gesehen – Kirche im Sinne einer klassischen parochialen Struktur (Kirche/Gemeindehaus, Pfarrer*in, Gemeindegottesdienst) an einem Ort überhaupt nicht mehr präsent sein kann.

Damit entsteht ein Entscheidungskriterium hinsichtlich der Frage, woraufhin ein kirchliches Engagement im Kita-Bereich fokussiert wird angesichts zurückgehender Ressourcen: Kitas werden in diesem Konzept besonders dort gehalten oder etabliert, wo andere kirchliche Begegnungsflächen oder Orte abgebaut werden oder nicht vorhanden sind. Sie werden verstanden als ein Baustein in einem Netz kirchlicher Orte, das auf unterschiedliche Weise und mit unterschiedlicher Schwerpunktsetzung und Zielgruppenorientierung Menschen in Berührung mit christlicher Lebenshaltung und Handlungsorientierung bringt und einen Raum der Kommunikation des Evangeliums eröffnet.

Chancen und Grenzen

Eine Kita als kirchlicher Ort agiert in diesem Szenario im Sinne eines Familienzentrums, schafft Kontaktflächen zu Familien in einer spezifischen Lebensphase und ermöglicht sowie erfordert Angebote über die reine Kita-Arbeit hinaus. Diese zusätzlichen Angebote müssten – über den Trägeranteil hinaus – aus Kirchensteuermitteln geleistet werden. Dies wird jedoch deutlich weniger ressourcenintensiv sein als das Vorhalten eines klassischen parochialen Gesamtangebots.

Ein besonderes Augenmerk muss in diesem Szenario auf die Qualifizierung der Mitarbeiter*innen gelegt werden, die in hoher Sensibilität das Mit- und Nebeneinander von gesamtgesellschaftlichem Bildungsauftrag einerseits und kirchlicher Konturierung andererseits zu gestalten haben. Zu schaffen sind dafür entsprechende zeitliche Freiräume sowie kirchliche Aus- und Fortbildungsangebote, besonders angesichts zurückgehender kirchlicher Sozialisation. Offen ist, ob sich dies für die Mitarbeitendengewinnung angesichts des Fachkräftemangels als zusätzliche Chance oder als begrenzende Herausforderung auswirkt.

Szenario 3: Evangelische Kitas mit sozialräumlichem Fokus

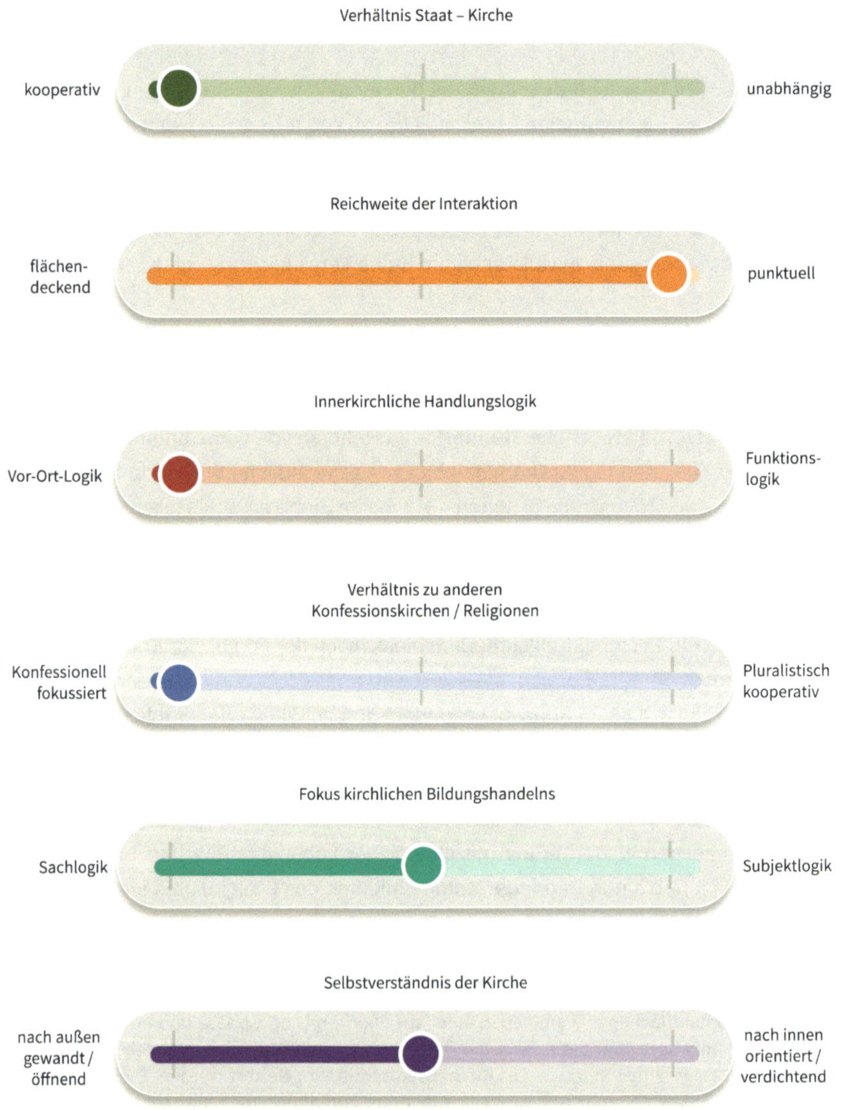

Evangelische Kita-Trägerschaft vollzieht sich in einem dritten Szenario als Teil eines Bildungsorte sozialräumlich vernetzenden, Bildungsübergänge und Bildungsbiografien begleitenden konsistenten Gesamtkonzeptes. Es nimmt die Stärke der Kirche auf, in großer Breite in unterschiedlichen Handlungs- und Bildungsbereichen engagiert zu sein, und stellt sich zudem der Tatsache, dass jedwedes Konzept einer „guten Kita" auch vor der Anforderung nach Öffnung und sozialräumlicher Vernetzung steht.

Handlungsleitend in diesem Modell ist es, solche räumlichen Kontexte zu erkennen, in denen evangelische Kirche die Möglichkeit hat, Angebote zu bündeln, aufeinander zu beziehen, durch ein abgestimmtes und vernetztes Gesamtkonzept wechselseitig zu stärken und zu qualifizieren und auf Bildungsübergänge und vernetzendes Handeln unmittelbar und konzeptionell geleitet einzuwirken.

Konkret sind das solche Räume, in denen neben der Kita-Trägerschaft einige der folgenden Handlungsfelder bespielt werden oder erschlossen werden können:

- Schulische Sozialarbeit sowie offene Ganztagsangebote in Grund- und weiterführenden Schulen;
- Offene Türen als Orte der Begegnung mit und Begleitung von Jugendlichen außerhalb des formalen Bildungssystems;
- KA 3/8-Modelle als Verknüpfungen zwischen Grundschule und Konfi-Arbeit;
- Ferienbetreuungs- sowie Jugendfreizeitangebote;
- Einrichtungen der Familien- und/oder Erwachsenenbildung;
- diakonische Angebote der Familienhilfe und Beratung;
- evangelische Schulen.

In diesem Konzept wird besonders gefragt, wo Räume vorhanden sind, in denen sich diese räumlich vernetzte Arbeitsweise durch schon vorhandene Angebote bzw. eine Erweiterung der Angebotspalette in guter Weise verwirklichen lässt, während bei abnehmender Finanzkraft von Kirche diejenigen Bildungsorte und damit auch Kitas perspektivisch aufgegeben werden, in denen eine solche sozialräumlich vernetzende Arbeit für Kirche eher schwierig umsetzbar ist.

Chancen und Grenzen

Kirche gewinnt in diesem Szenario die Möglichkeit, dem Leitbild lebenslangen Lernens zu folgen, (religiöse) Bildungsbiografien zu ermöglichen, auf Bildungsübergänge Einfluss zunehmen, Bildungsgerechtigkeit zu fördern und darin exemplarisch Strahlkraft in die Gesellschaft hinein zu entfalten. Zudem fördert die Notwendigkeit, bildungsbereichsübergreifend gemeinsame Konzepte und abgestimmte Angebote zu entwickeln, Qualität und Nachhaltigkeit der Arbeit.

Allerdings konzentriert sich Kirche hier auf spezifische Sozialräume, verzichtet also bewusst darauf, mit ihrem Kita-Angebot und Bildungshandeln umfassend in der Fläche präsent zu sein. Dort, wo sie präsent bleibt, liegt eine besondere Herausforderung in der notwendigen Balance von konfessioneller Identität einerseits und offener, inklusiver Bildungsarbeit andererseits.

Szenario 4: Evangelische Kitas als christlich-religiös geprägtes Bildungsangebot für Kirchenmitglieder und evangelisch Verbundene

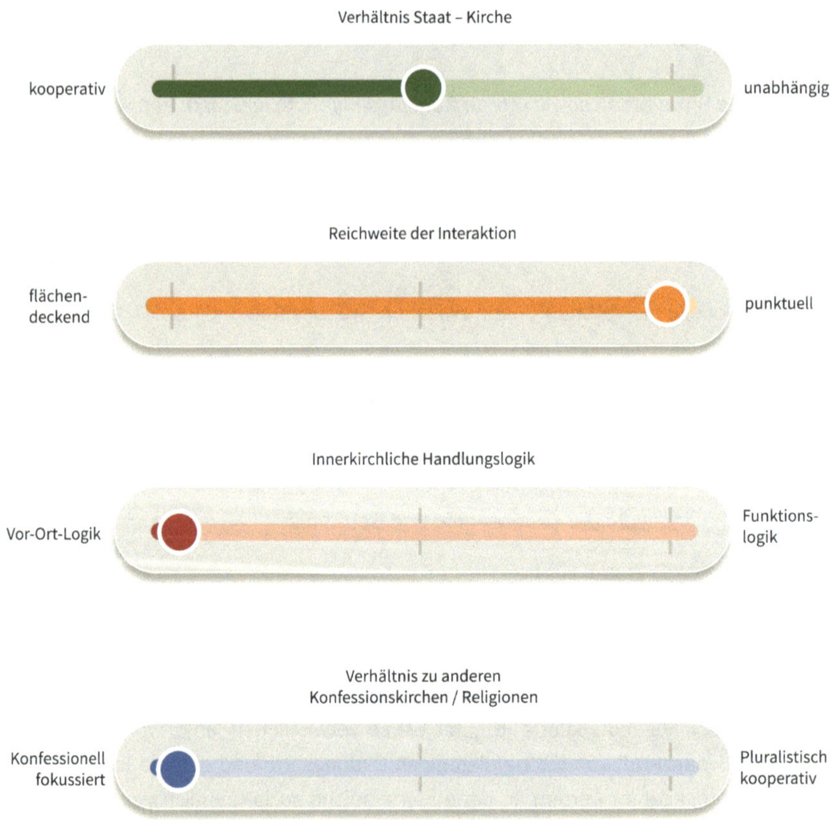

Fokus kirchlichen Bildungshandelns

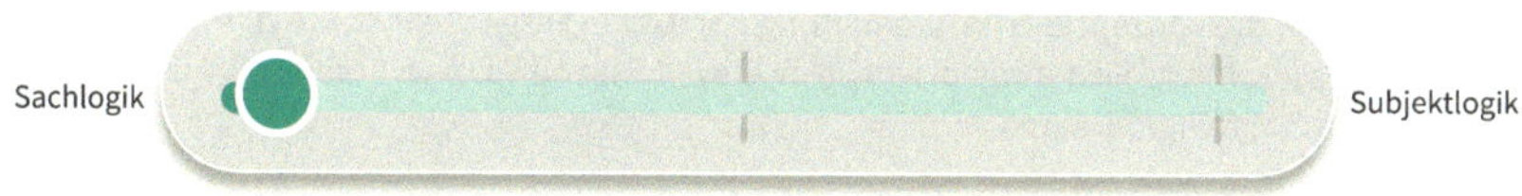

Selbstverständnis der Kirche

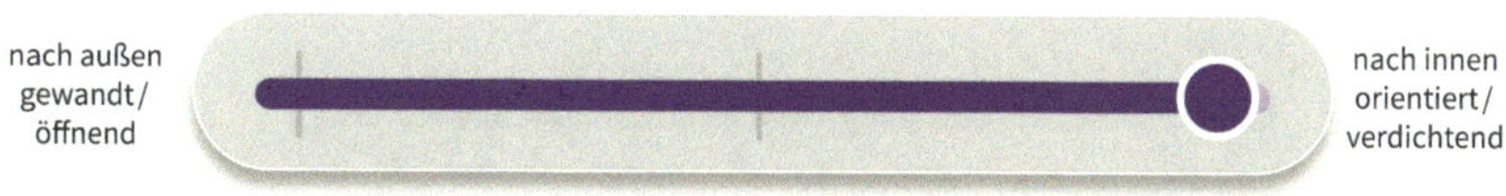

Evangelische Trägerschaftsübernahme vollzieht sich hier in einem weiteren Szenario als Teil der Kita-Gesamtversorgung, versteht sich in ihrer Grundausprägung aber in besonderer Weise als ein Angebot für evangelische Familien. Kitas werden hier in enger Verschränkung mit der Arbeit einer Ortsgemeinde gestaltet. Das Angebot zielt darauf ab, sowohl in Offenheit und dialogischer Ausrichtung Begegnung mit christlichem Glauben evangelischer Prägung als auch Zugänge zu und Beheimatung in Ortsgemeinden zu ermöglichen.

Kitas werden in diesem Modell räumlich vornehmlich dort vorgehalten, wo ein erkennbarer Anteil evangelischer Gemeindeglieder vorhanden ist. Die Platzvergabe berücksichtigt gezielt die Konfession der Eltern bzw. ihrer Kinder.

In der weiteren Entwicklung werden Kita-Plätze parallel zur sinkenden Zahl von Gemeindegliedern abgebaut. Der Abbau findet vornehmlich dort statt, wo im Verhältnis im Sozialraum der geringste Anteil evangelischer Gemeindeglieder zu finden ist bzw. wo die Handlungsressourcen einer Kirchengemeinde es nicht ermöglichen, im religionspädagogischen Bereich eng mit der Kita zusammenzuarbeiten bzw. eine familienorientierte Ausrichtung der Gemeindearbeit auszuprägen und so die Schnittstelle zwischen Kita und Gemeinde zu bespielen.

Chancen und Grenzen

Die klare konfessionelle Ausrichtung in diesem Szenario ermöglicht eine evangelisch profilierte religionspädagogische Arbeit, verbunden mit der Chance, biografische Stationen und Bildungsübergänge religiös zu begleiten. Die notwendige enge Anbindung an eine Ortsgemeinde verschafft dieser Kontaktflächen zu Kindern und Familien und damit Ansatzpunkte für Gemeindeaufbau. Zugleich bietet die Kita als sichtbarer Ort innerhalb des Sozialraums Identifikationspotenzial für evangelische Gemeindeglieder.

Andererseits erzeugt die in diesem Konzept notwendige Bevorzugung evangelischer Familien Exklusionsrisiken sowie konkurrenzbedingte Spannungen im Sozialraum und muss mit den Anforderungen einer öffentlichen Förderung ausbalanciert werden. Die enge Bindung an Gemeindestrukturen kann Kooperation und inklusive Bildungsarbeit im Quartier erschweren. Sie kann weiterhin dazu führen, dass ein Rückgang an kirchlichen Mitgliedern und Ressourcen immer auch die konzeptionelle Ausrichtung der Kita in Frage stellt sowie zu instabilen Trägerverhältnissen führt. Fest eingeplant ist in diesem Szenario eine Standortkonzentration auf „kirchlich tragfähige“ Räume.

Szenario 5: Evangelische Kitas als evangelische Profileinrichtungen

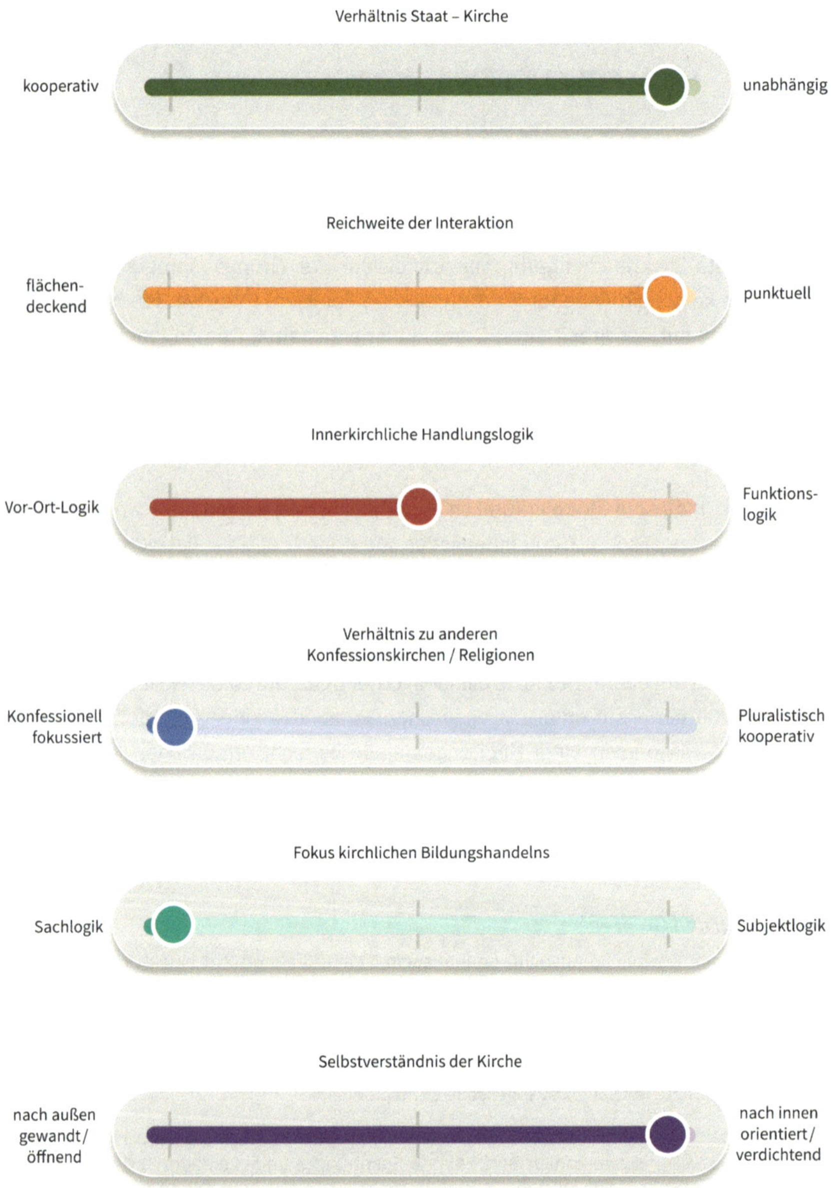

Evangelische Kitas werden in einem fünften Modell als betont evangelische Profileinrichtungen verstanden und mit dem Ziel entwickelt, ein attraktives Angebot für hoch verbundene evangelische Kirchenmitglieder bzw. der christlichen Tradition nahestehende Familien zu bieten. Die religionspädagogische Arbeit (Kindergottesdienste, biblische Geschichten, Godly Play, Kirchenjahr) spielt eine prägende Rolle, ebenso die religionspädagogische Qualifikation und kirchliche Verbundenheit aller Mitarbeitenden.

In diesem Modell zieht sich Kirche aus der aktuell etablierten breiten Beteiligung an der Kita-Trägerschaft zurück und nimmt durch die Konzentration auf eine spezifische Zielgruppe die Priorisierung eines kleineren Segments von Kirchenmitgliedern in den Fokus.

Chancen und Grenzen

Solche Profileinrichtungen können, sofern eine öffentliche Förderung angestrebt wird, nur dort vorgehalten werden, wo Alternativen bestehen. In der Konsequenz wird das hinsichtlich der evangelischen Trägerschaften zu einer Konzentration auf städtische Kontexte mit einer breiten Trägerlandschaft führen. Der Rückzug wäre also vermutlich besonders ein Rückzug aus den ländlichen Regionen.

Die Verbandsstrukturen sowie auf der Mittelebene eingerichtete Kita-Verbundstrukturen werden hinfällig. Der Verwaltungsaufwand auf der mittleren kirchlichen Ebene geht bedeutend zurück.

Die durch die Kita-Arbeit gegebene breite kirchliche Einbindung in kommunale und kommunalpolitische Zusammenhänge und Diskursräume wird aufgegeben. Die gesellschaftlich wahrnehmbare Relevanz von Kirche nimmt entsprechend ab.

In den Einrichtungen ist von Segregation bzw. geringer Heterogenität auszugehen, was Grundansprüchen kirchlichen Bildungshandelns (Bildungsgerechtigkeit, Pluralitäts- und Dialogfähigkeit) entgegensteht.

Es ist davon auszugehen, dass ein solches Modell auch eine öffentliche Mitfinanzierung in Frage stellen würde. In diesem Fall müsste für das Vorhalten einer Einzeleinrichtung mit einem Faktor von 5–10 gegenüber den Kosten im bisherigen Finanzierungsmodell gerechnet werden.

Herausfordernd in diesem Modell ist zudem die Notwendigkeit, für die Mitarbeitenden Qualifizierungsangebote bereitzustellen, die an das spezifisch evangelische Profil der Einrichtungen angepasst sind, und diese Angebote zugleich für eine eher geringe Zahl an Mitarbeitenden vorhalten zu müssen. Dies könnte vermutlich nur durch landeskirchenweite oder auch landeskirchenübergreifend gebündelte Angebote ermöglicht werden.

Szenario 6: Vollständiger Rückzug aus der Kita-Trägerschaft

Abschließend sei das Szenario benannt, Kita-Trägerschaften als einen in allgemein gesellschaftlicher Verantwortung liegenden Bildungsauftrag zu verstehen, der mit dem Kernauftrag von Kirche nicht unmittelbar in Verbindung steht. Evangelische Kirche zieht sich dementsprechend schrittweise ganz aus den Kita-Trägerschaften zurück.

Chancen und Grenzen

Die im vierten Szenario benannten Konsequenzen für die kommunalpolitische und gesellschaftliche Einbindung von Kirche gelten auch hier. Zugleich entfallen alle mit einer Trägerschaft verbundenen Verwaltungs-, Fortbildungs- und Verbandstätigkeiten. Die freiwerdenden Mittel – falls sie nicht der Kompensation der zurückgehenden kirchlichen Finanzkraft dienen – können für elementarpädagogische Arbeit im gemeindlichen Kontext (gottesdienstliche Angebote mit Kindern, Familienarbeit) eingesetzt werden. Ergänzend kann erwogen werden, ggf. in konfessionellen oder interreligiösen Kooperationen spezifische Fortbildungs- und Beratungsangebote für andere Träger zu entwickeln, die auf eine Umsetzung der in den meisten Kita- Bildungsplänen vorgesehenen religionssensiblen Arbeit abzielen. Eine kirchliche Mitgestaltung religiöser Bildung im Elementarbereich könnte damit zumindest indirekt ermöglicht werden. Anknüpfungspunkt dafür könnten das etablierte evangelische Netzwerk RELImentar und die damit verbundene digitale Plattform sein.

Schlussbemerkung

Im Handlungsfeld der Evangelischen Tageseinrichtungen für Kinder bündeln sich wie in einem Brennglas sowohl Einflussfaktoren als auch Gestaltungsmöglichkeiten kirchlichen Bildungshandelns und ermöglichen spezifische Akzentsetzung in vielfacher Hinsicht: in der theologischen Orientierung, hinsichtlich der gesellschaftlichen Funktionszuschreibung von Kirche, im pädagogischen Selbstverständnis, im Verhältnis zur Ortsgemeinde, bezüglich der Einbindung in den Sozialraum, in der Zusammenarbeit mit externen Akteuren etc. Jede Entscheidung steht zugleich in Wechselwirkung mit Möglichkeiten einer öffentlichen (Mit-)Finanzierung und damit verbundenen rechtlichen und formalen Verbindlichkeiten. Daraus ergibt sich ein komplexes System varianter Entwicklungspfade, das über die vorgelegten Szenarien hinaus weiter ausdifferenziert werden könnte. Orientierend wird es angesichts dieser Komplexität sein, Entwicklungen nicht ausgehend von finanziellen, personellen oder verwaltungstechnischen Aspekten abzuleiten, sondern zunächst die Frage in den Mittelpunkt zu stellen: Welche Art von Kirche mit welchem Verständnis von Bildung sind wir und wollen wir sein?

4.2 Religionsunterricht an staatlichen Schulen

Die Präsenz der evangelischen Kirche in der (staatlichen) Schule ist Ausdruck reformatorischer Weichenstellungen – entsprechend lang ist die Tradition von Religion im Schulleben (v. a. Schulgottesdienste und Schulseelsorge, z. T. auch schulnahe Jugendarbeit) und kirchlich (mit-)verantworteten Unterrichts in der Schule. Diese Tradition hat allerdings bereits mehrfach tiefgreifende Transformationen erfahren, etwa durch Überführung der Schule in allein staatliche Verantwortung (im 18. Jahrhundert) oder mit der Trennung von Staat und Kirche durch die Weimarer Reichsverfassung (1919). Schulischer Religionsunterricht (gepaart mit „Religion im Schulleben“) war und ist in Deutschland traditionell eine Säule kirchlichen Bildungshandelns, die der äußeren Form wie der inneren Gestalt nach wiederholt Schmiegsamkeit unter Beweis gestellt hat.

Im Spektrum der Lernorte in kirchlicher Bildungs(mit)verantwortung zeichnet sich der Religionsunterricht insbesondere aus durch

- seine *Reichweite*: Im Schuljahr 2021/22 nahmen knapp 1,7 Millionen Schüler*innen am evangelischen Religionsunterricht an allgemeinbildenden Schulen teil (ein knappes Drittel der jeweiligen Schüler*innenkohorte); hinzu kommen die Schüler*innen im Religionsunterricht an berufsbildenden Schulen,[12]
- seine *(biografische) Wirkdauer*: Vorbehaltlich der Möglichkeit zur Abmeldung bzw. der Freiwilligkeit der Teilnahme können Schüler*innen, die das Abitur bzw. das Fachabitur anstreben oder eine Lehre absolvieren, 9–10 Jahre lang Religionsunterricht mit bis zu ca. 800 Unterrichtsstunden besuchen,
- seine *Sequentialität und thematische Breite*: Dank der obligatorischen Kerncurricula bzw. Lehrpläne wird ein breites Spektrum religiös relevanter Themen in einer für religiöse Lernorte außergewöhnlichen systematischen und didaktischen Stimmigkeit erschlossen.

Allerdings gibt es Religionsunterricht nicht im Singular. Unter den Vorzeichen gesellschaftlicher, religiöser und bildungspolitischer Veränderungen hat sich insbesondere seit der Wiedervereinigung Deutschlands diachron und synchron eine Mehrzahl an organisatorisch-didaktischen Modellen von Religionsunterricht etabliert, die sich in einem elementarisierenden Durchgang wie folgt beschreiben lassen:

- Religionsunterricht als – herkömmlich – (mono-)konfessioneller Religionsunterricht in Übereinstimmung mit Art. 7.3 GG,
- Religionsunterricht in konfessionell-kooperativer oder ökumenisch gemeinsamer Verantwortung (in Übereinstimmung mit Art. 7.3 GG),
- Religionsunterricht in interreligiös gemeinsamer Verantwortung oder als interreligiöses Lernangebot in Verantwortung einer Religionsgemeinschaft (in Übereinstimmung mit Art. 7.3 GG),
- Religionsunterricht im Sinne einer Religionskunde als Teil von Ethikunterricht oder als separates Unterrichtsfach (unter Berufung auf Art. 141 GG),
- Abschaffung von/Verzicht auf Religionsunterricht als ordentlichem Lehrfach (unter Berufung auf Art. 141 GG oder auf die kontextuellen Erfordernisse einer einzelnen Schule) und z. T. auch von religionskundlicher Allgemeinbildung im Rahmen von Ethikunterricht.

Die evangelische Kirche hat diese Modellierungen z. T. (mit)initiiert, z. T. findet sie sie vor. Je nach Rechtslage und eigenem Status im jeweiligen Bundesland kann sie ihre eigenen Optionen für die Auslegung bzw. Weiterentwicklung des Faches unterschiedlich gut zur Geltung bringen.

Alle Landeskirchen und die EKD folgen einem Axiom, das zuerst 1958 in paradigmatischer Klarheit formuliert wurde: „Die Kirche ist zu einem freien Dienst an einer freien Schule bereit“,[13] d. h. Schule und Religionsunterricht sind nach Maßgabe pädagogischer Vernunft im Interesse der Förderung der Schüler*innen und des Gemeinwohls zu gestalten, nicht nach Maßgabe theologischer Normen im Eigeninteresse der verfassten Kirchen oder Religionsgemeinschaften. Bleibt dieses Axiom auch angesichts der anstehenden Reformen der Kirche in Geltung, ergibt sich – unter der Voraussetzung, dass die evangelische Kirche personell, finanziell und infrastrukturell im Raum der Schule handlungsfähig ist und bleibt – folgende Leitfrage: *Welche Art kirchlichen Bildungsengagements dient bestmöglich den Schüler*innen und dem Gemeinwohl (einer religiös-weltanschaulich heterogenen Gesellschaft)?* Die Frage nach dem theologischen

[12] Sekretariat der KMK: Auswertung Religionsunterricht Schuljahr 2021/22, Berlin 2022, 7 f., referiert nach SI-EKD/KAMP (Hg.): Wie hältst du's mit der Kirche? Leipzig/Baden-Baden 2024, 330–332.

[13] „Wort zur Schulfrage“ der EKD-Synode in Berlin-Weißensee, hier zitiert nach: Kirchenamt der EKD (Hg.): Die Denkschriften der EKD 4/1: Bildung und Erziehung, Gütersloh 1987.

Selbstverständnis der Kirche und die Frage nach dem Eigeninteresse der verfassten Kirche sollte jener Leitfrage nicht vorgeordnet werden; anders gesagt: *Die Leitfrage sollte nicht auf dem Weg der Deduktion aus theologischen oder innerkirchlichen Richtungsdebatten beantwortet werden.*

So wären etwa – analog zu den Möglichkeiten im Elementarbereich – folgende Szenarien denkbar:

Szenario 1: Festhalten an der bisherigen Vollversorgung mit Religionsunterricht gemäß Art. 7.3 GG in allen Schulformen

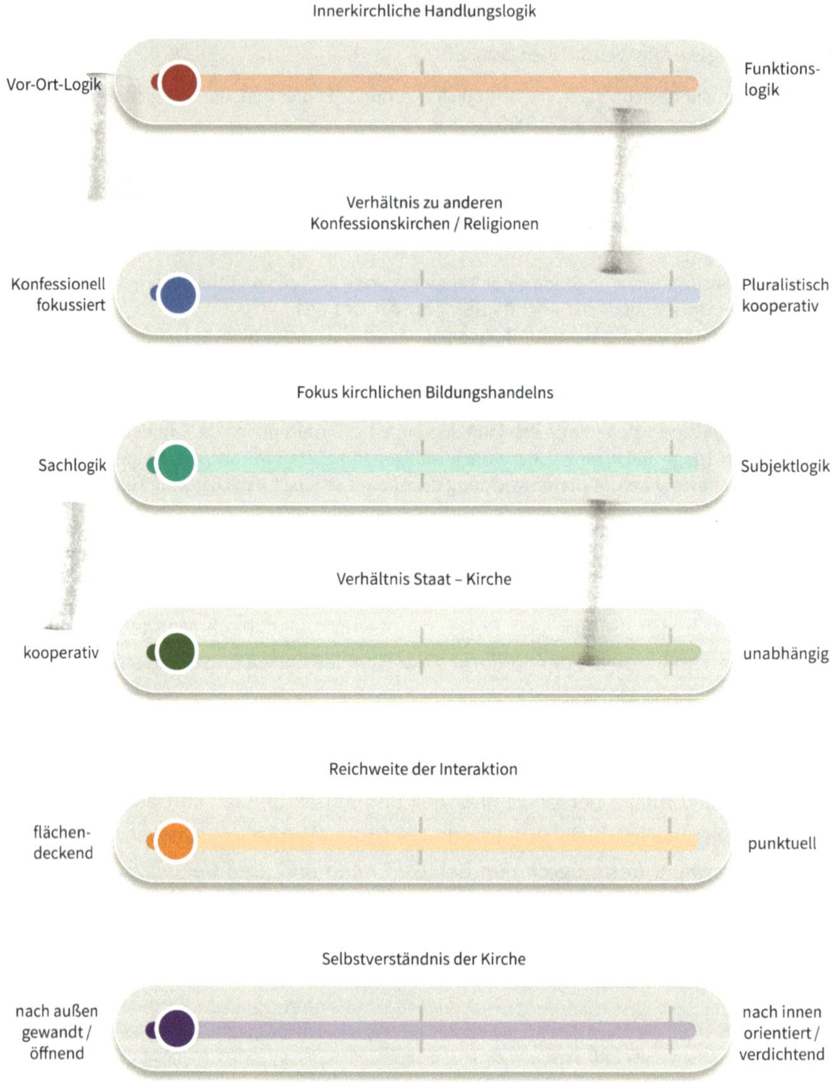

In diesem Szenario hält die Kirche an ihrer kooperativen Zusammenarbeit mit dem Staat fest und verantwortet weiterhin den Religionsunterricht gemäß Art. 7.3 GG sowie (nach Möglichkeit) Religion im Schulleben mit – und zwar sowohl an allgemein- als auch an berufsbildenden Schulen. Dies erfordert zugleich das Festhalten an Quantität und Qualität der bisherigen kirchlichen Unterstützungs- und Begleitinfrastruktur, von den landeskirchlichen Bildungsabteilungen und „Religionspädagogischen Instituten" bis hin zu Schulreferaten bzw. -dekanaten im Nahbereich.

> ***Chancen und Grenzen***
>
> In diesem Szenario kommt das Streben nach möglichst großer Reichweite und öffentlicher Sichtbarkeit kirchlichen Bildungshandelns zur Geltung.
>
> Diesem Bestreben stehen allerdings Grenzen der Finanzierbarkeit und der Personalisierbarkeit sowie der voranschreitende Verlust an Plausibilität kirchlichen Bildungsengagements in der Gesamtgesellschaft entgegen.

Szenario 2: Festhalten an der Vollversorgung mit Religionsunterricht in Gestalt ökumenisch oder interreligiös geteilter Mitverantwortung in allen Schulformen

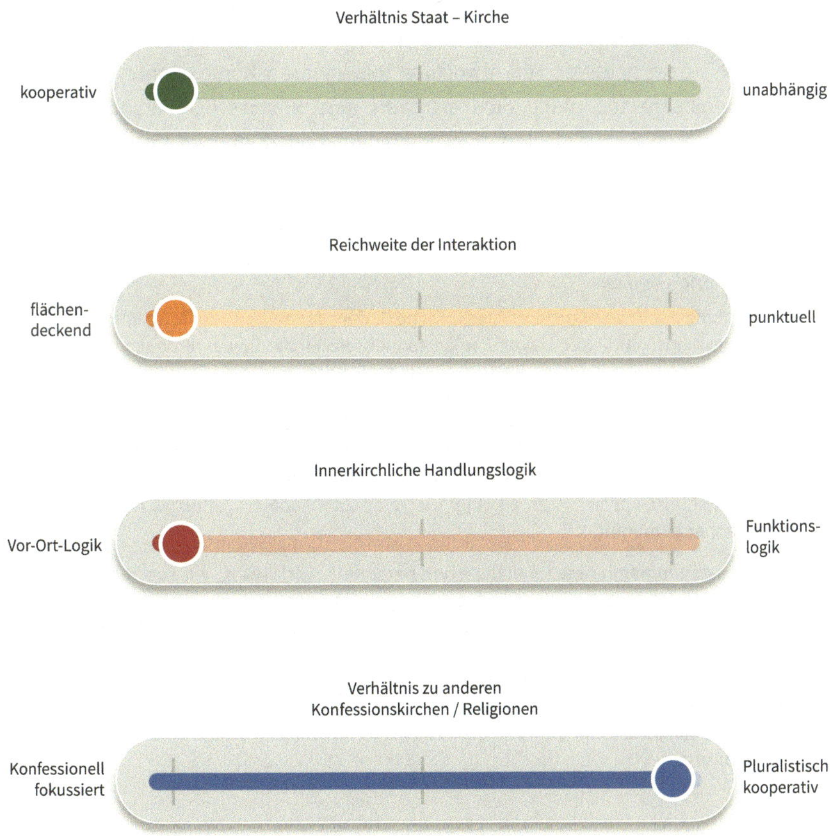

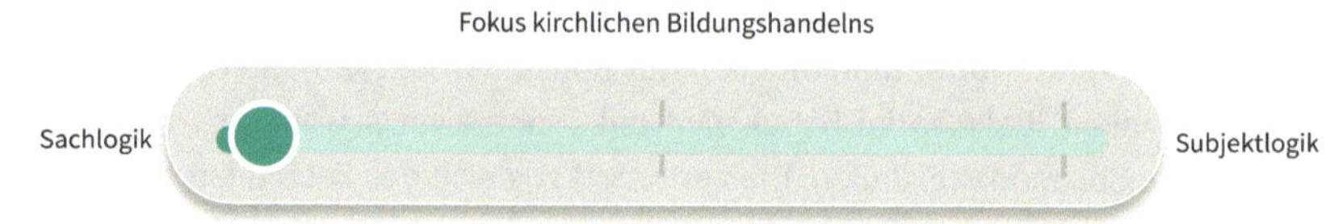

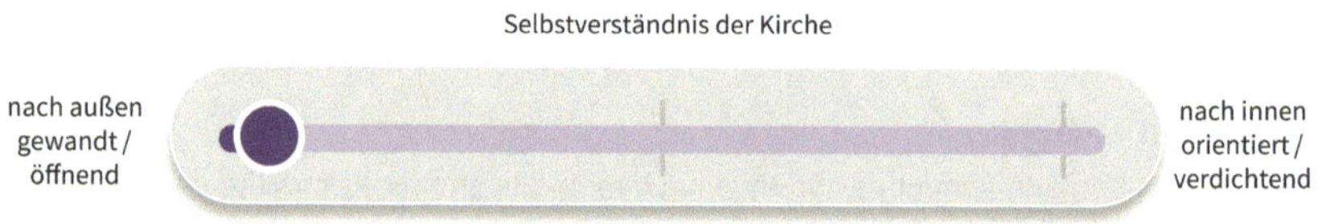

Auch in diesem Szenario hält die Kirche an ihrer kooperativen Zusammenarbeit mit dem Staat fest und verantwortet weiterhin den Religionsunterricht gemäß Art. 7.3 GG sowohl an allgemein- als auch an berufsbildenden Schulen mit. Allerdings tut sie dies – in nüchterner Einschätzung ihrer Mitgliederzahl, ihrer personellen und finanziellen Ressourcen sowie aus ökumenischem bzw. interreligiösem Interesse – nicht länger als evangelische Kirche allein, sondern – wo und wie immer möglich – in Zusammenarbeit bzw. geteilter Verantwortung mit anderen Konfessionen oder sogar Religionsgemeinschaften. Auch dies erfordert eine hochwertige kirchliche Unterstützungs- und Begleitinfrastruktur, die allerdings konsequent auf Kooperation umzustellen ist. Dasselbe gilt für Religion im Schulleben (Schulseelsorge, Gottesdienste, schulnahe Jugendarbeit).

Chancen und Grenzen

Die Verteilung der Verantwortung für schulische Bildungsangebote auf die Schultern mehrerer religionsgemeinschaftlicher Träger – seien es mehrere Kirchen (wie im neuen niedersächsischen Schulfach „Christlicher Religionsunterricht nach evangelischen und katholischen Grundsätzen") oder sogar mehrere Religionsgemeinschaften (wie im Hamburger „Religionsunterricht für alle 2.0") – wird die Pluralitätsbearbeitungskompetenz schulischen Religionsunterrichts und damit auch die öffentliche Plausibilität religionsgemeinschaftlich mitverantworteter religiöser Bildung in der Schule steigern – nicht zuletzt wird sie dazu führen, dass ein größerer Teil der Schüler*innen an einer kleineren Zahl konfessionell bzw. religiös differenzierter Fächer teilnimmt.

Allerdings gehen damit eine finanzielle und personelle Entlastung, ein koordinativer Mehrbedarf und ein Verlust an Steuerungs- und Prägekraft der einzelnen Religionsgemeinschaften einher – die einzelnen Gemeinschaften treten gleichsam zurück, um das Gewicht des Faktors „Religion" insgesamt zu stärken. So entsteht allerdings vielleicht eine vertrauensvolle Zusammenarbeit über Konfessions- und Religionsgrenzen hinweg, die unter den Schüler*innen wie auch zwischen den Religionsgemeinschaften Früchte trägt und deren öffentlicher Akzeptanz als pluralismusfähige und konziliante zivilgesellschaftliche Kräfte zugutekommt.

Szenario 3: Grundsätzliches Festhalten am Religionsunterricht nach Art. 7.3 GG bei Verzicht auf Religionsunterricht in einzelnen Schulformen (etwa an berufsbildenden Schulen oder an Grundschulen) oder Schulen

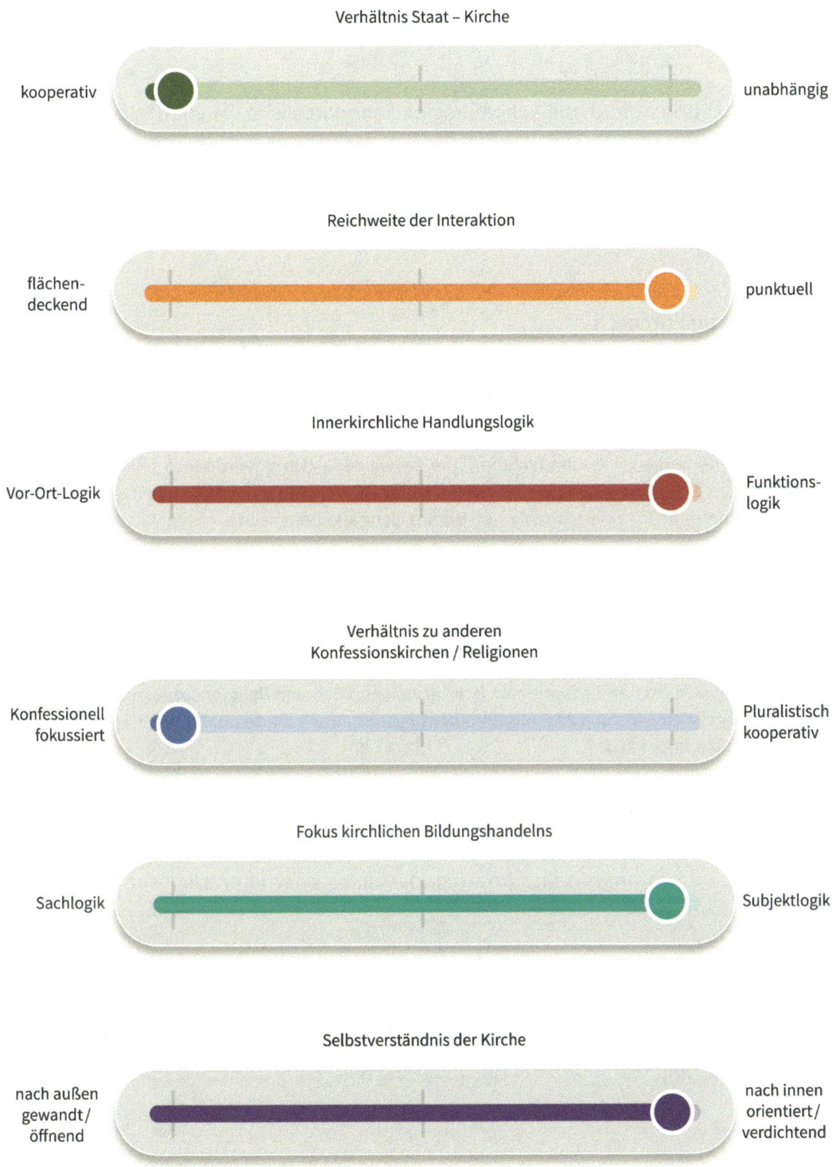

Dieses dritte Szenario ist als ein Zwischenschritt zwischen 1 und 4 anzusehen: Der Rückzug aus einzelnen Schulformen bzw. Schulen würde vor Ort Ressourcen sparen und notorische Personal-, Plausibilitäts- und Konzeptionsprobleme des RU in diesen

Schulformen, etwa an berufsbildenden Schulen oder an Schulen mit einer (sehr) kleinen Zahl evangelischer Schüler*innen, „lösen". Es wäre ein Signal einerseits an den Staat und andererseits an die Öffentlichkeit, dass die evangelische Kirche weiterhin bereit ist, subsidiär bildsam zu handeln, sich dazu aber nicht mehr umfassend in der Lage sieht.

In diesem Szenario werden die Schieberegler „Innerkirchliche Handlungslogik", „Fokus des Bildungshandelns" und „Selbstverständnis der Kirche" nach rechts geschoben: in Richtung einer stärkeren Innenorientierung der Kirche. Damit einhergehend würde an der Stellschraube „Reichweite der Interaktion Kirche – Gesellschaft" in Richtung Punktualität gedreht.

Chancen und Grenzen

Die Chance dieses Vorgehens besteht darin, einerseits als Player im staatlichen Bildungswesen aktiv zu bleiben und sich andererseits bestimmter Problemschwerpunkte zu entledigen, die i. d. R. schon seit längerem nicht auskömmlich personalisiert oder ausgestattet werden können – in erster Linie wäre dies wohl der Religionsunterricht an berufsbildenden Schulen, ggf. auch derjenige an Gesamtschulen. Der teilweise Rückzug würde also teils systematisch aus ganzen Schulformen, teils gleichsam „qualitativ" aus bestimmten einzelnen Schulen, in denen man sich von einem kirchlichen Bildungsengagement relativ wenig versprechen kann, erfolgen.

Dieses Szenario dürfte einen Qualitäts- und Profilgewinn für den verbleibenden Religionsunterricht mit sich bringen, dürfte jedoch zugleich den Status des RU als „ordentliches Lehrfach" gefährden und (aus staatlicher Sicht) die Verlässlichkeit kirchlicher Bildungsmitverantwortung in Frage stellen. Zudem würde eine Art institutioneller Dauerreflexionsbedarf aufgebaut, in welchen schulischen Teilsystemen bzw. in welchen Schulen Religionsunterricht verzichtbar sein könnte – eine Verunsicherung in einem System, das gerade auf Langfristigkeit und Verlässlichkeit angelegt ist.

Szenario 4: Abkehr von der Erteilung von Religionsunterricht nach Art. 7.3 GG in staatlichen Schulen und Konzentration auf die Gewährleistung von Religionsunterricht an Schulen in evangelischer bzw. ökumenischer oder interreligiöser Trägerschaft

Verhältnis Staat - Kirche

kooperativ

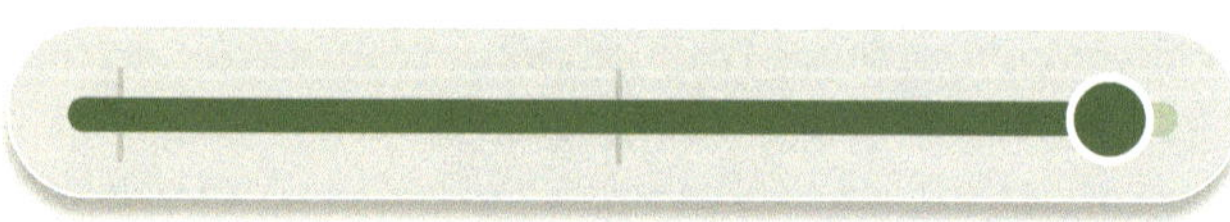

unabhängig

Reichweite der Interaktion

flächen-
deckend

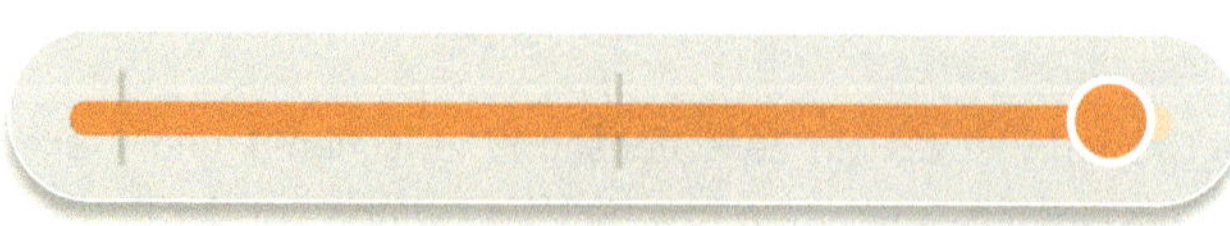

punktuell

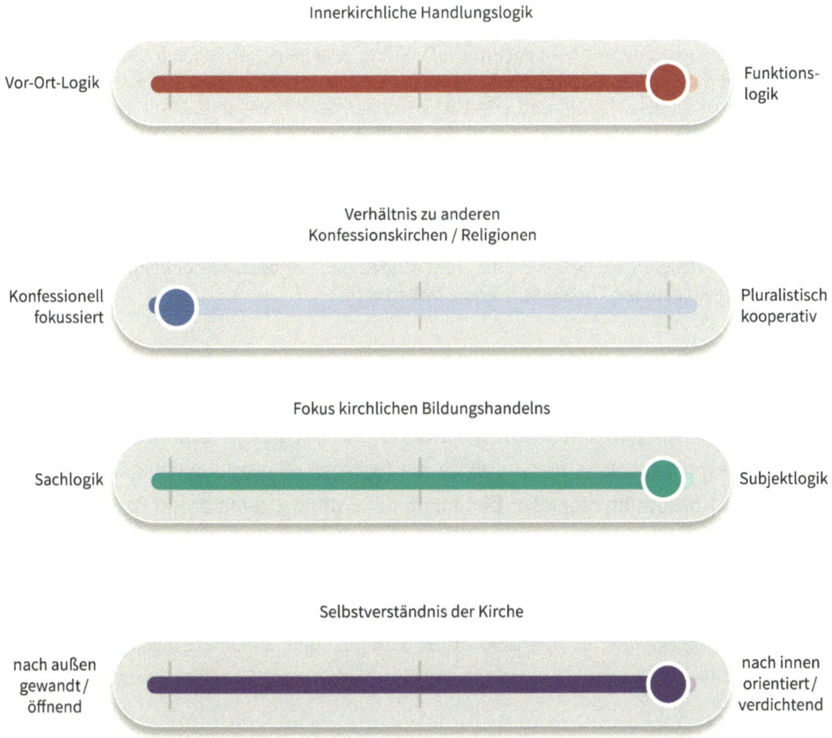

In diesem Szenario zieht sich die evangelische Kirche – möglichst abgestimmt und im Gleichschritt namentlich mit der katholischen Kirche und weiteren RU-anbietenden Religionsgemeinschaften – aus der Fläche der allgemein- und berufsbildenden Schulen zurück: Das entstehende Vakuum wird voraussichtlich durch einen Ethikunterricht für alle (wie derzeit bereits in Berlin) oder gegebenenfalls eine Religionskunde gefüllt – doch die Entscheidung darüber läge nicht mehr in der Hand von Kirchen oder Religionsgemeinschaften. Die Möglichkeit, „Religion im Schulleben" anzubieten, wird unter diesen Umständen in der Regel nicht länger bestehen, da mit den Religionslehrer*innen die zentralen Ansprechpartner*innen fehlen. Stattdessen konzentriert sich die evangelische Kirche (wie auch die die anderen Religionsgemeinschaften) in ihrem öffentlichen Bildungshandeln auf den Unterhalt von Schulen in religionsgemeinschaftlicher Trägerschaft und auf die religiöse Bildung in Unterricht und Schulleben (vgl. dazu Kap. 4.3).

In diesem Szenario werden die Schieberegler „Innerkirchliche Handlungslogik", „Fokus des Bildungshandelns" und „Selbstverständnis der Kirche" nach rechts geschoben: in Richtung einer stärkeren Innenorientierung der Kirche. Damit einhergehend würde an der Stellschraube „Verhältnis Staat – Religionsgemeinschaften" (in Richtung größerer Unabhängigkeit) und an der Stellschraube „Reichweite der Interaktion Kirche – Gesellschaft" (in Richtung Punktualität) gedreht.

Chancen und Grenzen

Dieses Szenario zielt auf die Leuchtturm-Funktion evangelischer Schulen und auf die Steigerung von deren sozialisatorischer Kraft ab – es erlaubt, die kirchliche Infrastruktur für den Schulsektor zurückzufahren und erhebliche Ressourcen einzusparen. Doch es nimmt dafür den drastischen und langfristig implikationsreichen Verlust an Reichweite und an „Bildungsmitverantwortung" in Kauf, der durch Rückzug aus dem schulischen Religionsunterricht gemäß Art. 7.3 GG an Regelschulen entsteht. Zu nennen ist auf der Verlustseite v. a. der Abbruch des Kontakts zu ganzen Kohorten (Grundschulkinder, junge Erwachsene), der schwerlich kompensierbar sein dürfte, zudem auch die drastische Reduktion des Bedarfs an theologisch geschulten Religionslehrer*innen, die recht schnell den Fortbestand der Institute und Fakultäten für evangelische Theologie in Frage stellen wird.

Schlussbemerkung

Der in Kapitel 2 skizzierte Ressourcenschwund und der Reformbedarf der verfassten Kirche tangieren als solche *nur mittelbar* die theologisch-religionspädagogische Legitimation und Konzeption religiöser Bildung in der Schule – denn deren Fortschreibung und Ausgestaltung erfolgt (schon seit Längerem) nicht so sehr im Blick auf die Kirche als vielmehr im Blick auf Schüler*innen, Schule und Gesellschaft. Anders gesagt: Diese Fortschreibung und Ausgestaltung erfolgt im Rahmen religionspädagogischer und kirchlich-bildungspolitischer Aushandlungsprozesse, also in einem Diskurs, der vom kirchenreformerisch-kirchentheoretischen Diskurs de facto deutlich unterschieden ist.

Krise und Reformbedarf der Kirche tangieren religiöse Bildung in der Schule jedoch *immerhin mittelbar*, insofern diese deren diesbezügliche personelle, finanzielle und infrastrukturelle Ressourcen reduzieren und einschränken. Es ist diese Ressourcenknappheit, gepaart mit dem zunehmenden Akzeptanzverlust für kirchliches Bildungshandeln im öffentlichen Raum, die Entscheidungen über die Reichweite des schulischen Religionsunterrichts und über den Grad der Mitverantwortung für dieses Schulfach und für „Religion im Schulleben", die die Kirche wahrnehmen kann, erfordert. Die Kirche als Entscheidungsträger muss bei ihren Entscheidungen in diesem Feld jedoch im Blick haben, was den Religionsunterricht und seine Wirkung auszeichnet: seine *Reichweite* und damit seine Kontaktfläche zur (fast) gesamten Kohorte von Kindern und Jugendlichen, seine *(biografische) Wirksamkeit* (von bis zu 13 Jahren Dauer pro Individuum) und seine *Sequentialität und thematische Breite*, die aller weiteren Befassung von Schüler*innen mit (christlicher) Religion zugutekommt.

4.3 Schulen in evangelischer Trägerschaft

Die über 1.000 Schulen in evangelischer Trägerschaft gliedern sich in 33 % Grundschulen, 27 % Förderschulen, 15 % Gymnasien, knapp 6 % Realschulen, knapp 9 % Schulen mit mehreren Bildungsgängen, gut 4 % Integrierte Gesamtschulen. Dazu kommen noch in kleiner Zahl Kollegs und Hauptschulen. Neben diesen allgemeinbildenden Schulen engagieren sich 404 berufliche Schulen in evangelischer Trägerschaft für junge Menschen und deren Schulabschlüsse und/oder berufliche Qualifizierung – insbesondere in Sozialberufen. Schulen in evangelischer Trägerschaft werden auf Grundlage von Art. 7(4) und 7(5) des Grundgesetzes betrieben. Sie arbeiten mit einem doppelten Mandat. Zum einen müssen evangelische Schulen gegenüber dem Staat, der sie wesentlich mitfinanziert, eine erfolgreiche schulische Bildung nachweisen. Ihre Freiheit liegt darin, selber zu entscheiden, auf welchen pädagogischen Wegen sie die Schüler*innen fördern, damit sie sich die für Schulabschlüsse nötigen Kompetenzen aneignen können. Zugleich arbeiten sie mit dem kirchlichen Mandat der Kommunikation des Evangeliums. Bei allen kirchlichen Entscheidungen über eine oder mehrere der Schulen in evangelischer Trägerschaft darf diese Bindung der inhaltlichen Arbeit durch das doppelte Mandat, das über die staatliche Mitfinanzierung eine mehrfache Hebelwirkung der eingesetzten Kirchensteuermittel ermöglicht, nicht vergessen werden. Strukturell sind nur 7,2 % aller Schulen in evangelischer Trägerschaft im Raum der EKD in verfasst-kirchlicher Trägerschaft. Landeskirchliche Schulstiftungen wurden in einigen Landeskirchen mit hohen Einlagen aus dem Vermögensgrundstock gegründet und agieren dann – wie diakonische Unternehmen – im landeskirchlichen Auftrag, aber finanziell unabhängig als Träger oft zahlreicher Schulen. Andere landeskirchliche Schulstiftungen unterstützen die kleinen regionalen Träger evangelischer Schulen in ihrer Landeskirche durch Fortbildung, Beratung, Personalanstellung. Noch immer wächst die Zahl evangelischer Schulen. Die EKD unterstützt diese Arbeit über die Schulstiftung in der EKD, die Statistik evangelische Schule und die Wissenschaftliche Beratungsstelle evangelische Schule.

Vier Szenarien für die Zukunftsentwicklung sind denkbar:

Szenario 1: Evangelische Schule als Bildungs- und Lebensort für alle

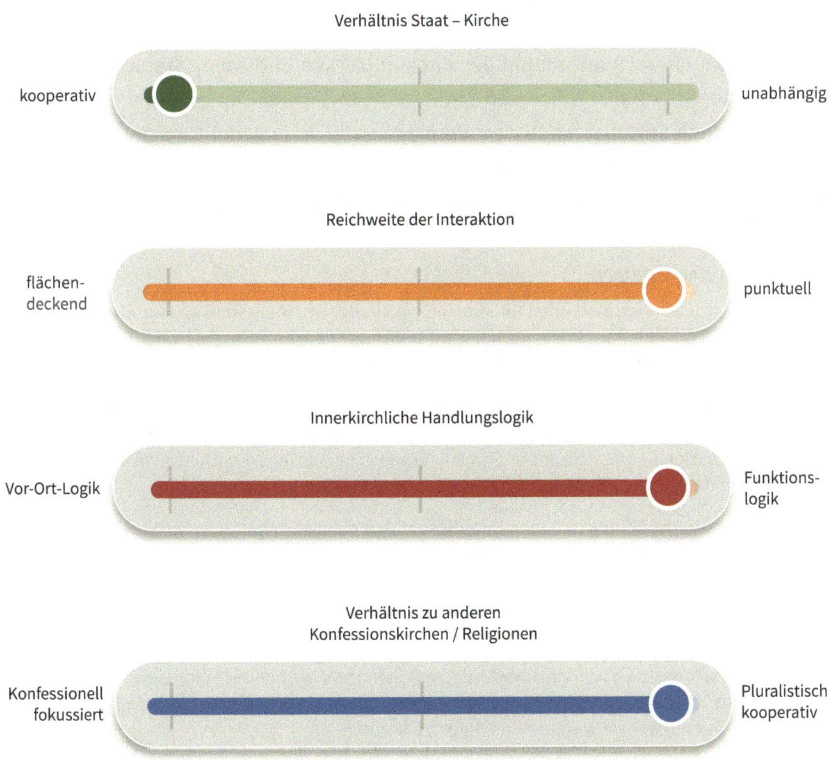

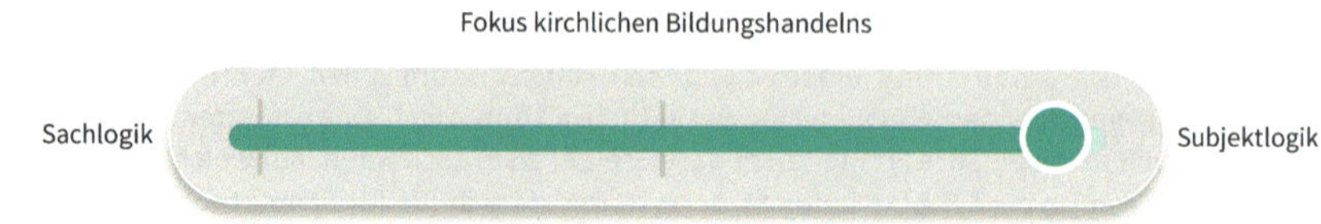

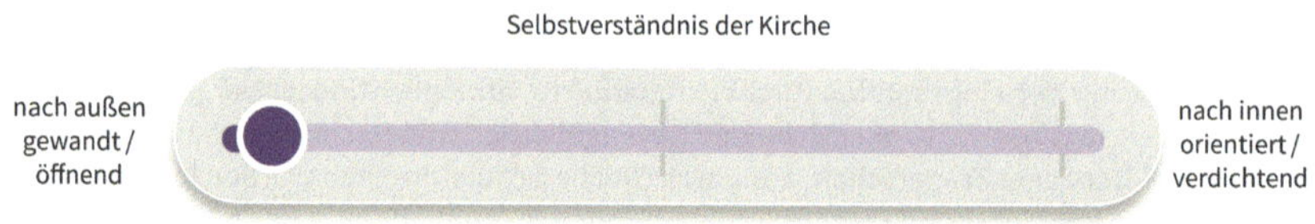

In diesem Szenario steht der Staat weiterhin zu Art. 7 des Grundgesetzes. Evangelische Landeskirchen wollen neben gemeindlichen Strukturen auch reichweitenstarke, regionale Bildungsorte für junge Menschen und ihre Familien gestalten. Daher werden vielerorts in gemeinsamer regionaler oder landeskirchlicher Verantwortung evangelische Schulen betrieben. Sie ermöglichen einer diversen Schülerschaft hochwertige Bildung und das Erleben eines evangelischen Schulprofils. Für viele konfessionslose Schüler*innen und ihre Familien ist die Schule Begegnungsort mit dem christlichen Glauben und einem für andere Menschen engagierten christlichen Lebensstil.

Bei zurückgehenden Finanzmitteln der Kirchen wird es in diesem Szenario nötig, von der Kirche direkt getragene Schulen mittelfristig in Schulstiftungsstrukturen zu überführen und diese Stiftungen aus dem Vermögensgrundstock der Kirchen ausreichend auszurüsten. Solche Stiftungen könnten auch landeskirchenübergreifend von zwei oder drei benachbarten Landeskirchen in einem Bundesland gegründet werden.

Chancen und Grenzen

Evangelische Schulen sind offen für alle und ein evangelischer Beitrag zu öffentlicher Bildung. Kirche zeigt sich als für alle Menschen und Bildungschancen engagiert und bleibt Bildungsakteur auch im Gegenüber und in Kooperation mit dem Staat.

Das Angebot hochwertiger Schulbildung an religionssensiblen evangelischen Schulen ist attraktiv, da wenige andere Schulen ein solches Profil anbieten. Zur Religionssensibilität gehört auch, die vielen konfessionslosen Schüler*innen einzubeziehen und ihre Welt- und Lebenssichten in den Dialog mit religiösen Weltdeutungen zu bringen.

Eine evangelische Schule ist zuerst Bildungsort. Aus dieser Freiheit zum Lernen und zur Selbstbildung erwächst als Nebeneffekt, aber nicht als Ziel der evangelischen Schule, bei einigen Schüler*innen Freude an Religion und Glaube. Mit einer evangelischen Schule sind Kirchengemeinden/Kirchenregionen zugleich herausgefordert und chancenreich mit Kontaktflächen zu vielen Familien beschenkt.

Eine Herausforderung bei der Umsetzung des Szenarios liegt in der Finanzierung. Diese muss in Zukunft kooperativer (z. B. zwei Kirchenkreise, über eine Stiftung, ökumenisch) erfolgen, um die Trägerkosten dauerhaft finanzieren zu können.

Szenario 2: Evangelische Schule als Ort in einer christlichen oder sozialräumlichen Bildungslandschaft

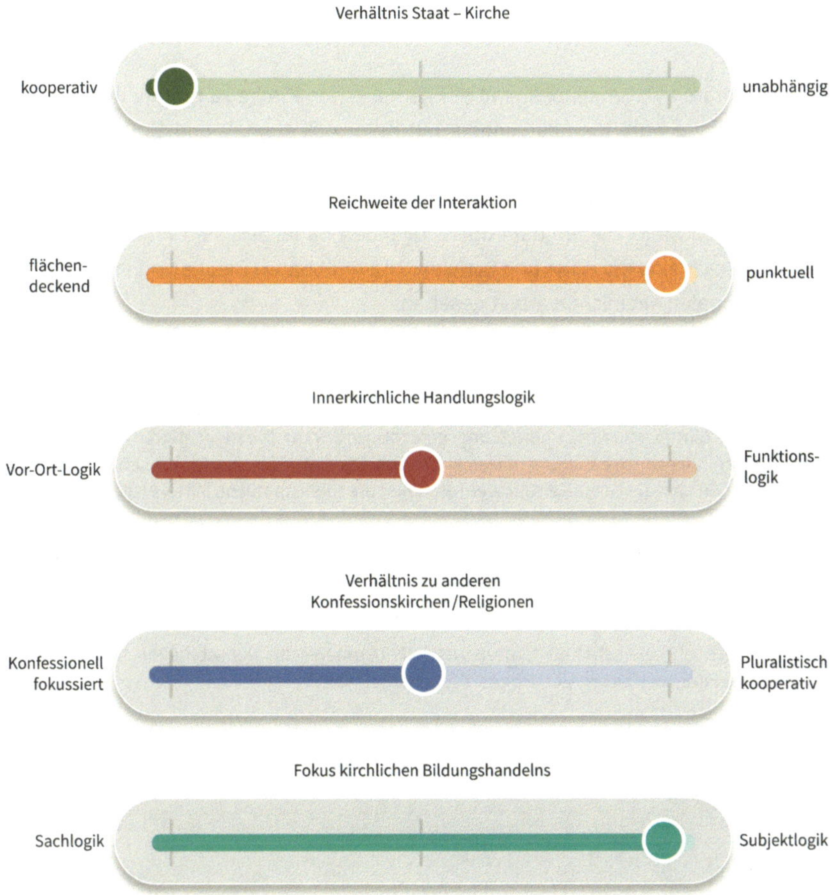

Auch in diesem Szenario orientiert der Staat sein Handeln bleibend an Art. 7 des Grundgesetzes. Evangelische Kirchenregionen, bei denen Kirchenentwicklungsverantwortung liegt, entscheiden sich konzeptionell für eine gemeinsam getragene und entwickelte Bildungslandschaft. Diese kann mit regionalen Bildungslandschaften verbunden werden. Ziel ist, möglichst vielen Menschen eine Bildungsbiografie mit christlichen Horizonten zu ermöglichen.

Dazu analysiert eine Kirchenregion ihre Bildungs- und Diakonieorte und baut dann konzeptionell geplant eine evangelische oder ökumenische Bildungslandschaft in einem Netzwerk verschiedener christlicher Orte auf. Während die Zahl evangelischer Kitas etwas reduziert wird, entsteht in der Region – angedockt an und weiterentwickelt von einer großen Kita oder einem Familienzentrum aus – eine evangelische oder christliche (ökumenische) Schule mit Grundschule und später – je nach Bedarf – eine darauf aufbauende Sekundarschule in evangelischer Trägerschaft. Das Konzept der Kitas und Schulen folgt dem der profilierten christlichen Bildungsorte mit guter Bildung für alle.

Strategisch wären Verhandlungen mit der katholischen Kirche zu führen, und mit Hilfe der Landeskirche wäre die Abstimmung mit Kultusministerium und Landkreis zu suchen. Für Eltern und ihre Kinder müssten die evangelischen/ökumenischen Kitas und Schulen so im Netzwerk kirchlicher Orte platziert werden, dass sie gut erreichbar sind. Die öffentlichen Mittel dienen dem überzeugenden pädagogischen Profil mit Öffnung für alle. Zugleich sind die Kitas und Schulen Orte erlebbaren Glaubens und werden als Teil der regionalen kirchlichen Arbeit gesehen.

Chancen und Grenzen

Der Staat nimmt weiter die evangelische Kirche als zivilgesellschaftlichen Partner mit Kompetenz für Bildungsqualität und Bildungsgerechtigkeit wahr. Die berechtigten Ansprüche des Staates an hochwertige Bildung mitten in der Gesellschaft müssen auch bei stärkerer christlicher Profilierung der Schule erfüllt werden, sonst brechen staatliche Mittel weg.

Die Kirche in der Region gewinnt mit ihrer evangelischen Bildungslandschaft an Dynamik und Reichweite. Trotz des weniger werdenden kirchlichen Personals entsteht durch die Kooperation mit der Bildungslandschaft die neue Chance, dass die Kompetenz von Schulleitungen, Pädagog*innen und Sozialpädagog*innen sich positiv auf die Kirchenentwicklung auswirkt.

Ökumenische Trägerschaften fördern zugleich ökumenische Netzwerkentwicklung und sichern die Finanzierbarkeit der Arbeit.

Szenario 3: Evangelische Schulen als konfessionelle Schule für das Christ-Werden und Christ-Bleiben

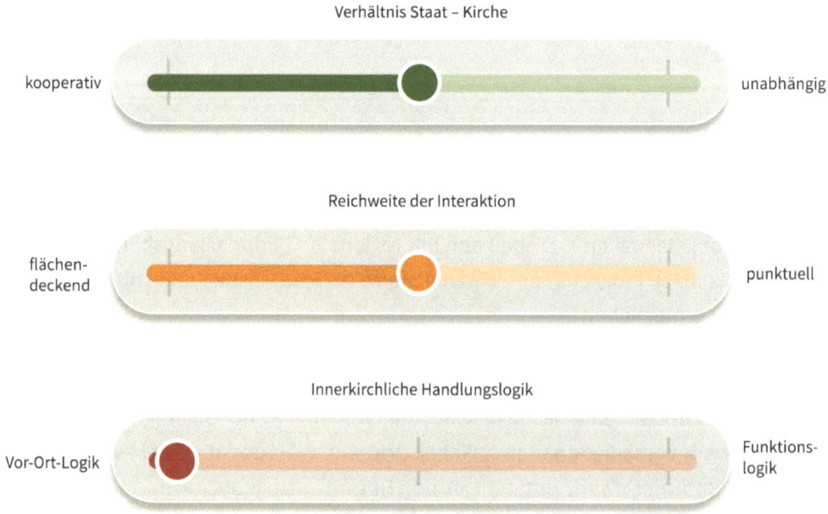

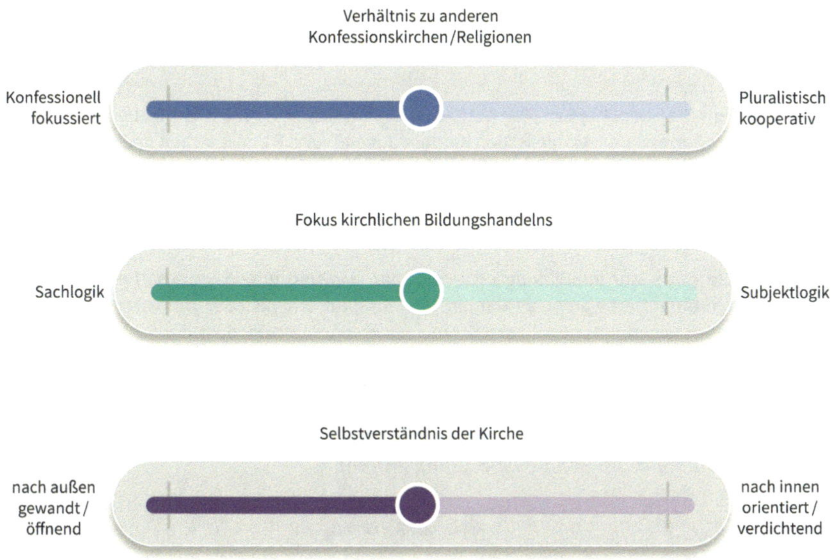

Religiöse Bildung an der Schule wird über eigene Schulen gesichert. Die Kirche auf Landeskirchen- oder Regionalebene fokussiert die Befähigung zum Christsein in der Welt und profiliert evangelische Schulen in ihrem Gesamtkonzept sehr deutlich evangelisch. Gemeindepädagogische Kinder- und Jugendarbeit wird eng mit der Schule vernetzt. In der religionskritischer werdenden Gesellschaft werden über die Schule in evangelischer Trägerschaft junge Menschen und ihre Familien dabei unterstützt, in der Vielfalt der Einflüsse Christ*in werden und bleiben zu können.

Die Kirche baut gezielt regional organisierte evangelische Kitas und Schulen als christliche Bildungshäuser auf, die von der frühen Kindheit bis zum Grundschulabschluss (Modell 1–10) reichen oder zusätzlich noch die Sekundarstufe 1 einschließen (Modell 1–16). Diese christlichen Bildungsorte sind attraktiv durch hochwertige und innovative elementarpädagogische und schulpädagogische Bildungsarbeit, die Grundlage für die staatliche Refinanzierung der freien Schule ist. Intensive gemeindepädagogische Arbeit mit den Familien der Kita- und Schulkinder gehört zum Profil. So wird die Schule auch für Eltern ein wichtiger sozialer Treffpunkt im persönlichen familialen und geistlichen Netzwerk der Familien. Die Räume der Schule werden abends und am Wochenende auch für Gottesdienste und Gruppen genutzt. Die Schule mit Aula ist mancherorts gleichzeitig Gemeindehaus. Konfi-Arbeit findet mit den Schüler*innen und allen weiteren Interessierten statt. Auch Menschen ohne Kirchenmitgliedschaft werden aufgenommen, wenn sie die Zustimmung zum evangelischen Profil unterzeichnen.

Chancen und Grenzen

Viele junge Menschen und ihre Familien sehen sich durch eine gute schulische Arbeit unterstützt.

Junge Menschen und ihre Familien entdecken an der Schule Kirche und Glaube in neuen und bewährten Formen der evangelischen Kinder-, Jugend- und Familienarbeit und durch Initiativen mit christlicher Motivation (z. B. Schöpfungsfreunde).

Die Kontaktfläche der Kirche ist alltäglich und mehrjährig. So können auch wenig kirchenaffine Menschen in Freude am Glauben und Engagement in der Kirche hineinwachsen.

Die Schule muss klar als Bildungsort erkennbar sein und gute Bildungsarbeit leisten, um staatlich mitfinanziert werden zu können. Die Pluralitätsfähigkeit der profiliert evangelischen Schule bleibt wichtig. Das Profil der Schule sollte so offen sein, dass der Staat eine konfessionelle Schule, die offen ist für alle, mitfinanzieren kann. Sonst wird es schwierig, die nötigen Mittel bereitzustellen. Dies könnte über einen Schulträgerverein oder eine Stiftung gelingen.

Szenario 4: Evangelische Schule ist Bildungs-Kirche

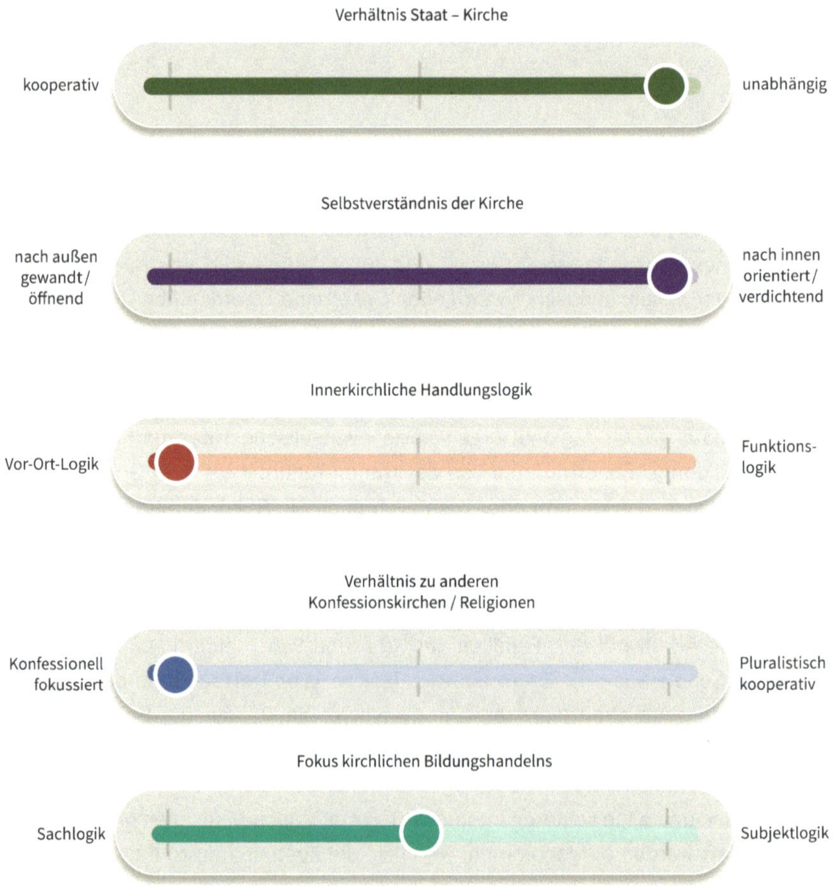

Begründet mit der Äquidistanz zu allen Religionsgemeinschaften oder begründet durch eine Ausrichtung der Regierenden an autokratischen, christentumsfeindlichen Ideologien könnten die grundgesetzlichen Grundlagen für den Religionsunterricht und für konfessionelle Schulen gefährdet werden. Kirchliche Bildungsmitverantwortung muss in diesem Bereich beendet werden. Die Gliedkirchen der EKD entscheiden sich dafür, bisherige Mittel für den Religionsunterricht und die Kita-Arbeit zum Aufbau einer allein kirchlich finanzierten Kita- und Schullandschaft zu investieren.

In jeder größeren Kirchenregion oder in jedem Kirchenkreis wird eine Kita mit Grundschule und gegebenenfalls weiterführender Schule weiter betrieben oder gegründet und mit Mitteln aus der bisherigen Schul- und Kita-Arbeit finanziert. Eine starke gemeinsame EKD-weite Schulstiftung, die alle Gliedkirchen unterstützen, unterstützt in der Gründungsphase und beim Aufbau von kirchlichen Kita- und Schulstiftungen für Großregionen.

Trägerstiftungen werden von der Kirche vor Ort bzw. in der Region gestaltet, so dass dort eine enge Zusammenarbeit zwischen Kirchengemeinden, evangelischen Kitas und Schulen entsteht. Die nötige überregional organisierte Professionalität beim Personalwesen sowie in der Aus- und Fortbildung wird sichergestellt. Bei zurückgehenden Finanzen wird konzeptionell missionale Arbeit mit jungen Menschen und ihren Familien priorisiert. Schulen punkten in den Strategiedebatten mit der Möglichkeit intensiven Kontakts zu jungen Menschen und ihren Familien über jede Woche hin. Die schulische Bildungsarbeit muss hohe Qualität ausweisen können, um eine staatliche Schulbetriebsgenehmigung zu erhalten. Sie ist eng mit der Konfi-Arbeit und der Jugendarbeit sowie dem Kindergottesdienst und Kinderbibeltagen verknüpft. Die Bildungsgänge führen zu staatlichen Schulabschlüssen.

Chancen und Grenzen

Die evangelische Schule ist Kirchengemeinde in der Region. Sie eröffnet breit Kontakte zu jungen Menschen und ihren Familien und zeigt ihnen, wie Christsein gelebt werden kann. Durch Engagement vieler aus der Schulfamilie entsteht Gemeinde.

Eine Schule zu betreiben, ist kostenintensiv. Daher werden alle Gebäude zu weiteren kirchlichen Zwecken genutzt. Die Kooperation mit dem Kultusministerium und den je regionalen Schulämtern ist zu pflegen, und Bildungsabschlüsse müssen erreicht werden.

Schlussbemerkung

Eine Reise durch Kirchen in Afrika oder den USA bzw. durch andere europäische Kirchen zeigt: Sehr oft findet sich gerade in den missionarischen Kirchen ein kirchlicher Campus mit Kirche, Schule, Gemeinderäumen – oft auf einem Grundstück. Eine evangelische Gemeinde und ihre Schule arbeiten eng und wertschätzend miteinander. Die Schulen sind eine Bereicherung für die Kinder und Jugendlichen der Kirchengemeinde.

Aber konzeptionell gewollt werden auch viele weitere Schüler*innen aufgenommen. Diakonische, bildungsbezogene und missionale Ziele werden um der Menschen willen zusammen konzeptionell umgesetzt.

4.4 Konfi-Arbeit

Jährlich werden in Deutschland (Stand 2022) ca. 138.000 Jugendliche im Alter von 14 Jahren (Religionsmündigkeit) konfirmiert. Die durchschnittliche Konfi-Gruppe besteht aus 16 Jugendlichen, die von Haupt- und Ehrenamtlichen über einen Zeitraum von ca. 11 Monaten bis zur Konfirmation im Frühsommer begleitet werden. Die evangelische Konfirmationsquote, also der Anteil der evangelischen 13- bzw. 14-Jährigen, die konfirmiert sind, sinkt seit 2015 ab, bewegt sich aber noch immer auf einem Niveau von ca. 80%. Neben wöchentlichen Treffen der Gruppen und der vielerorts verpflichtenden Teilnahme an Sonntagsgottesdiensten haben sich Konfi-Tage, Gemeindepraktika und Freizeiten im Konfi-Jahr etabliert.[14]

Die kirchliche Arbeit mit Konfirmand*innen (kurz: Konfi-Arbeit) ist ein etabliertes Arbeitsfeld in allen evangelischen Landeskirchen. Jugendliche durchlaufen hier ein außerschulisches Bildungsangebot, das mit der Konfirmation abgeschlossen wird. Theologisch gesehen stellt die Konfi-Arbeit den nachgeholten Taufunterricht derjenigen dar, die als Kinder getauft wurden. Allerdings nehmen regelmäßig auch ungetaufte Jugendliche an der Konfi-Zeit teil und lassen sich während dieser Phase taufen – zuletzt kamen jährlich über 8.000 junge Menschen so zur evangelischen Kirche dazu. Die Konfi-Arbeit gehört damit zu den kirchlichen Angeboten mit der höchsten Reichweite sowohl hinsichtlich der Kirchenmitglieder als auch neu erreichter junger Menschen.

Mit der programmatischen Wendung „vom Konfirmandenunterricht zur Konfirmandenarbeit“ hat sich die Konfi-Arbeit in den letzten Jahrzehnten deutlich verändert. Ausgangspunkt der thematischen Arbeit sind zumeist die Fragen und Themen der Jugendlichen; diese werden mit den biblisch-theologischen Inhalten verschränkt. Erlebnisorientierte Angebote (Freizeiten, Camps, Konfi-Samstage, gemeinsamer Gang auf den Friedhof usw.) treten zu den wöchentlichen Treffen hinzu oder lösen diese teilweise ab. Vielerorts sind neben Hauptamtlichen (Pfarrer*innen, Diakon*innen, Gemeindepädagog*innen) auch junge Ehrenamtliche Teil des Konfi-Teams, so dass die Konfi-Treffen und insbesondere die Freizeiten stark an die Aktivitäten der evangelischen Jugendarbeit angelehnt sind. Die in einigen Landeskirchen eingeführten zweiphasigen Modelle mit einer ersten Phase in der 3. oder der 4. Klasse führten zu attraktiven und mancherorts gut etablierten Modellen, sie sind aber nicht flächendeckend verankert.

---

[14] Vgl. Simojoki / Ilg / Hees 2024 (s. o. Anm. 8).

Szenario 1: Konfi-Arbeit als Stabilitätsanker der (Volks-)Kirche

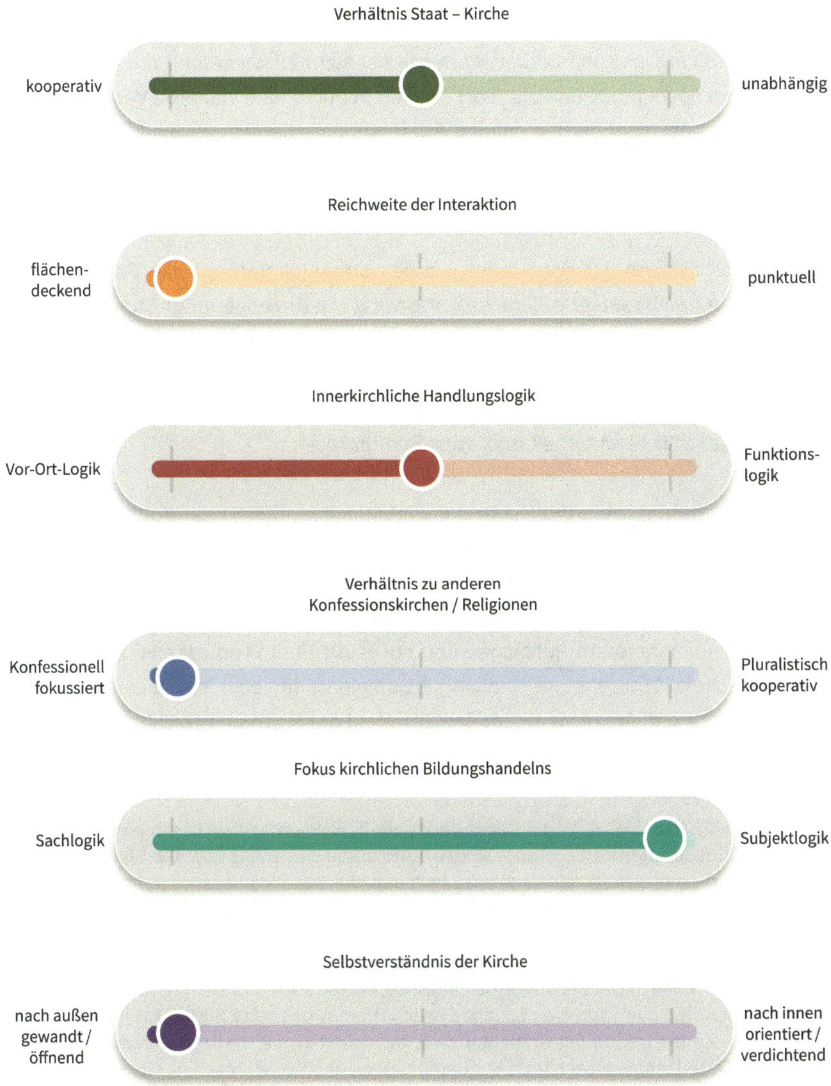

Die Konfi-Arbeit rückt als eines der reichweitenstärksten kirchlichen Angebote in das Zentrum der Aufmerksamkeit und wird zugleich Kern der Gemeindeentwicklung.

In diesem Szenario werden die Kräfte und Ressourcen kirchlicher Arbeit so gebündelt, dass die Konfi-Arbeit gestärkt wird und noch konsequenter zu einem Kernangebot und „Aushängeschild" der evangelischen Kirche ausgebaut wird. In Dienstaufträgen von Hauptamtlichen wird bei der Konfi-Arbeit nicht gekürzt, die Chancen der Multiprofessionalität in Konfi-Teams werden genutzt, was insbesondere in großen fusionierten Gemeinden möglich ist. Hauptamtliche mit gemeindepädagogischer Qualifikation werden gleichrangig wie Pfarrer*innen mitverantwortlich für das Arbeitsfeld, dies wird auch in der Rollenzuteilung im Konfirmationsgottesdienst sichtbar. Die Arbeit mit Konfi-Teams wird möglichst flächendeckend etabliert, was auch durch eine intensive Vernetzung mit der evangelischen Jugendarbeit gelingt: Ehrenamtliche bereichern die Konfi-Zeit, und Konfirmierte werden systematisch für die eigene Mitarbeit in nachfolgenden Konfi-Jahrgängen sowie in der Kinder- und Jugendarbeit gewonnen.

Die konkreten Formen der Konfi-Arbeit können dabei lokal unterschiedlich sein (Wochenmodell und/oder längere Camps, Vernetzung mit Angeboten der Christenlehre in Ostdeutschland, Arbeit auf Gemeindeebene oder regionale Vernetzung usw.). Im Sinne der öffentlichen Sichtbarkeit dürfte es sinnvoll sein, bestimmte Standards flächendeckend umzusetzen, beispielsweise Konfi-Camps, Slogans zur Konfi-Zeit oder eine einheitliche Öffentlichkeitsarbeit bzw. Wort-Bild-Marke.

Überall wird darauf gezielt, die Quote der Jugendlichen, die an der Konfi-Zeit teilnehmen, hochzuhalten, um die jugendkulturelle Bedeutung der Konfirmation zu stärken. Ein besonderes Augenmerk gilt der Einladung ungetaufter Jugendlicher. Um die Zugangsbarrieren zu senken, wird die mancherorts verankerte Regelung, dass eine Konfirmation die Teilnahme am Religionsunterricht (statt Ethik) voraussetzt, aufgehoben. Im europäischen Kontext steht Finnland beispielhaft für eine solche entschiedene Profilierung der Konfi-Arbeit zu einem Schlüsselfeld der Kirchenentwicklung.

Chancen und Grenzen

Die große Chance dieses Modells liegt darin, ein besonders reichweitenstarkes außerschulisches Bildungsangebot der Kirche in den Mittelpunkt der pädagogischen Bemühungen zu stellen. Bei einer gelingenden Umsetzung bleibt die Konfirmationsquote hoch, weiterhin nehmen mehr als drei Viertel der evangelischen Jugendlichen sowie viele bislang ungetaufte Jugendliche teil. Die Idee der Volkskirche bleibt leitendes Prinzip, wenngleich nicht unbedingt in der traditionellen parochialen Strukturierung. Eine weitere Chance besteht darin, mit den Teamer*innen eine intensive Arbeit aufzubauen, die auch unabhängig von der Konfi-Zeit Impulse für die Jugendarbeit und Junge-Erwachsenen-Arbeit setzt. Ein Risiko liegt darin, dass durch die Konzentration der Kräfte auf die Konfi-Arbeit vieles an diesem Arbeitsfeld hängt. Sollten die Teilnahmequoten trotz der Bemühungen deutlich einbrechen, könnte das Gefühl entstehen, „aufs falsche Pferd gesetzt zu haben“. Zudem muss klar sein: Angesichts der absehbar sinkenden Mitgliederzahlen wird dieses Modell nur umsetzbar sein, wenn sich die Konfi-Arbeit stärker regional vernetzt.

Szenario 2: Religiöse Jugendfeiern in kirchlicher Trägerschaft

Die Konfi-Zeit wird umgewandelt in ein religiöses „Schnupperangebot“ für alle Jugendlichen (und deren Familien) und endet mit einer Feier, die mit oder ohne kirchliche Verbindung begangen werden kann.

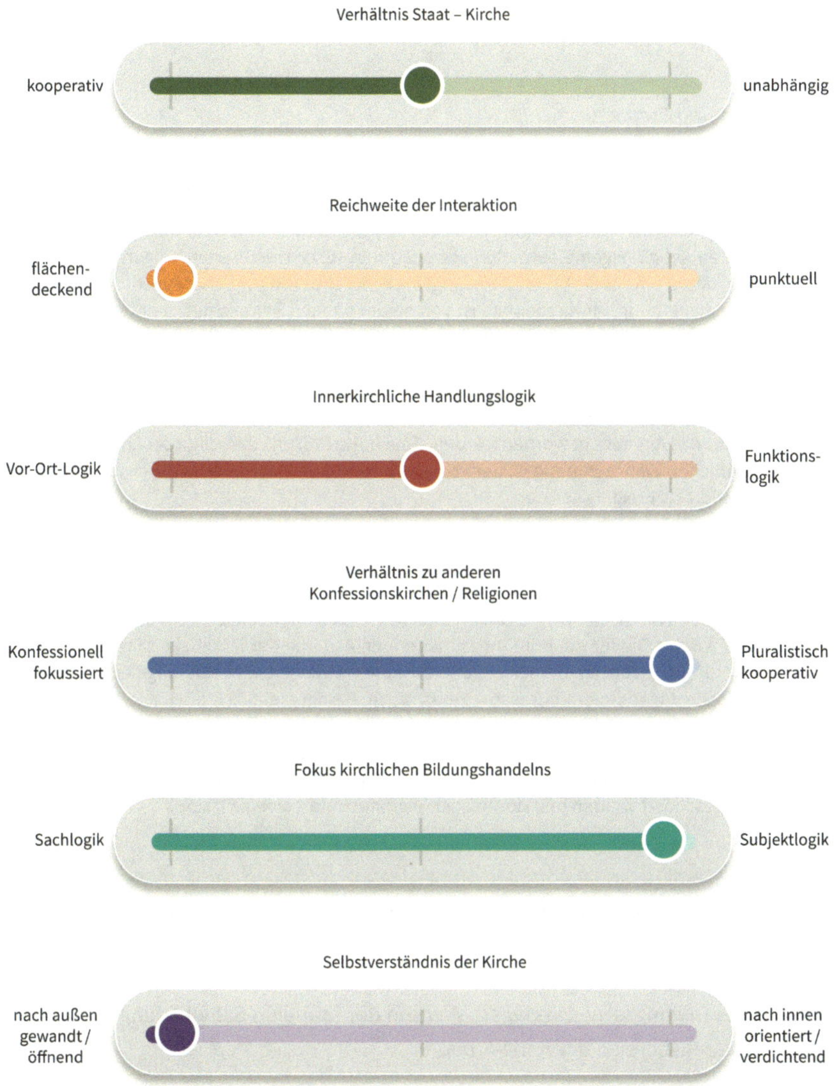

Angesichts der weiter nachlassenden Kirchenmitgliedschaft geht die evangelische Kirche mit diesem Szenario einen Schritt in Richtung eines neuen Modells. Die „klassische" Konfirmation wird ersetzt oder ergänzt durch ein Übergangsritual für alle Jugendlichen, bei dem die Kirchen möglicherweise mit weiteren Trägern kooperieren. Die religiösen Jugendfeiern, wie es sie bereits in einigen ostdeutschen Regionen gibt, werden zum prioritären Standardmodell erhoben oder lösen die klassische Konfirmation ganz ab. Diese Feiern richten sich bewusst an ungetaufte bzw. konfessionslose Jugendliche aus Familien mit wenig Kirchenbindung und zielen auf Lebensbegleitung, während der Bekenntnisaspekt stark zurückgefahren wird. Sie bieten mehr Transzendenzbezug als die Jugendweihe, können aber in religiöser Hinsicht eine ganz unterschiedliche Intensität aufweisen.

Chancen und Grenzen

Chancenreich an diesem Angebot ist dessen Niedrigschwelligkeit: Religiöse Jugendfeiern sind auch für Jugendliche und Familien mit wenig religiösen Vorerfahrungen zugänglich und stellen deren Bedürfnisse in den Vordergrund. Hinzu kommt der kooperative Charakter: Neben der Zusammenarbeit mit der Firm-Arbeit der katholischen Kirche sind auch Kooperationen mit anderen Religionsgemeinschaften sowie humanistisch orientierten Trägern denkbar, sofern diese daran interessiert sind. Die evangelische Kirche wird zur Serviceagentur für religiöse Übergangsbegleitung, ihr Kirchenbild ist von einem offenen Pluralismus geprägt. Sie hat eine wichtige Rolle bei den Jugendfeiern und bringt die Möglichkeit einer Konfirmation im Rahmen eines pluralen Modells von Übergangsformen ein. Der Bedarf an einem Übergangsritual auch von nicht kirchlich gebundenen Jugendlichen wird damit wahrgenommen und mit einem offenen Angebot beantwortet. Durch die weltanschaulich offene Positionierung kann auch in Schulen für das Angebot geworben werden. Eine hohe Präsenz der religiösen Jugendfeiern in der öffentlichen Wahrnehmung ist denkbar, sofern sie sich in der Fläche durchsetzen und die Konfirmation als Ereignis ablösen.

Ein Risiko besteht darin, dass eines der aktuell am weitesten verbreiteten Angebote kirchlicher Arbeitsfelder, die klassische Konfi-Arbeit, aufgegeben wird zugunsten eines Alternativangebotes, bei dem unklar ist, wie viele Jugendliche es tatsächlich wahrnehmen. Auch international gibt es für diesen Weg kaum Erfahrungswerte. Zudem bleibt auch aus theologischer Sicht eine Lücke: Die für die Konfi-Arbeit leitenden Aspekte der Mündigkeit im Glauben und der Erfahrung christlicher Gemeinschaft kommen im niedrigschwellig angelegten Angebot der religiösen Jugendfeiern nur wenig zum Tragen. Ferner stellt sich die Frage, ob in Kontexten mit traditionell stärkerer Kirchenbindung der Traditionsabbruch durch eine solche strategische Umorientierung nicht eher forciert als eingedämmt wird. Inwiefern eine Kooperation mit der katholischen Kirche und mit weiteren Partnern tatsächlich auf Akzeptanz stößt, kann kaum eingeschätzt werden und dürfte auch regional unterschiedlich sein.

Szenario 3: Konfi-Arbeit als Beitrag zur Kompensation für die entfallende religiöse Bildung in der Schule

Die kirchliche Bildungsarbeit verlagert sich von der formalen Schulbildung in den nonformalen Bildungsbereich der Konfi-Arbeit.

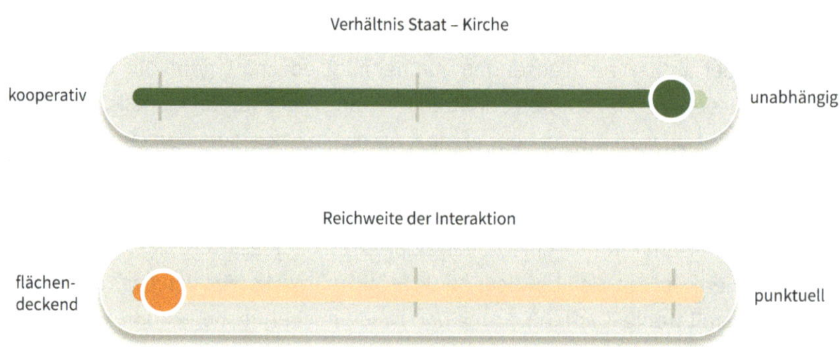

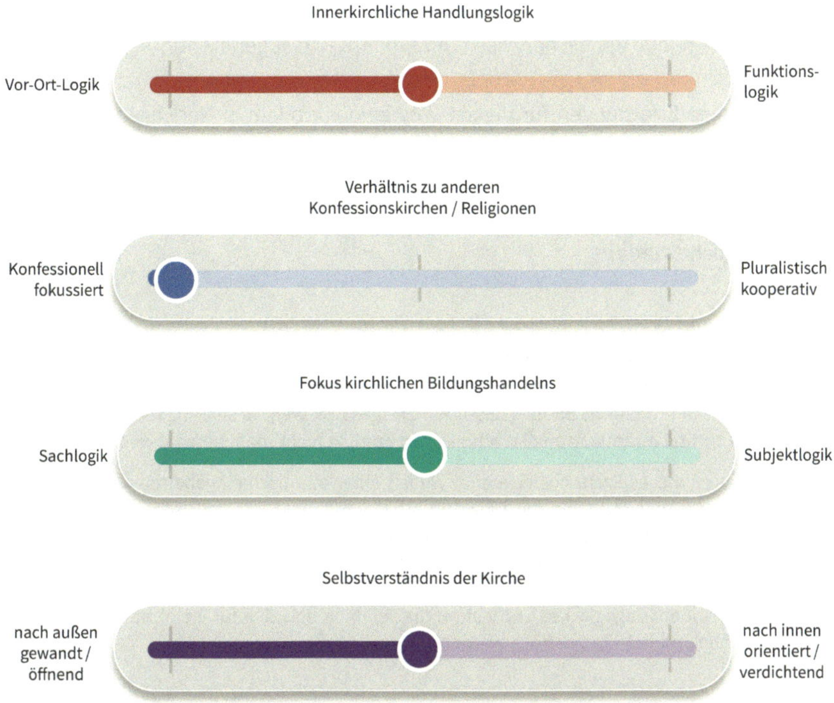

Dieses Szenario wird für den – aktuell unwahrscheinlichen – Fall relevant, dass der Religionsunterricht in seiner jetzigen konfessionsgebundenen Form vom Staat beendet werden sollte. Mangels eines konfessionellen Religionsunterrichts in der öffentlichen Schule konzentrieren die Kirchen in diesem Szenario ihr Bildungshandeln auf außerschulische Settings. In der evangelischen Kirche wird die Konfi-Arbeit zu einem Schlüsselort für die religiöse Bildung junger Menschen und zu einem Versuch, den Religionsunterricht zu ersetzen, ähnlich wie das bei entsprechenden Entwicklungen in anderen europäischen Ländern bereits der Fall war.

Die Konfi-Zeit wird zu einem Kulminationspunkt eines nun vollständig außerschulisch organisierten religionspädagogischen Gesamtkonzepts. Die Verbindungen zu anderen gemeindepädagogischen Angeboten im Kindesalter werden gestärkt und das in manchen Landeskirchen bereits praktizierte Modell einer zweiphasigen Konfi-Arbeit ausgebaut: Der klassischen Konfi-Zeit geht dann eine erste Phase im Grundschulalter (3./4. Klasse) voraus. Hierbei können Impulse aus der Christenlehre aufgenommen werden, in der ein solches, mehrjähriges Modell bereits erfolgreich angelegt ist.

Die etablierte Landschaft der bisherigen schulischen Religionspädagogik (Lehrstühle, Pädagogisch-Theologische Institute, Bildungspläne) wird für die Zwecke der Gemeindepädagogik umgebaut und führt zu einer stärkeren Professionalisierung der Konfi-Arbeit und anderer Bereiche kirchlicher Arbeit mit Kindern und Jugendlichen.

Anschlussfähige Erfahrungen für diesen Weg sind vor allem in Norwegen und in verschiedenen Schweizer Kantonen zu finden, in denen der Wegfall des konfessionellen Religionsunterrichts zum Anlass eines umfassenden Umbaus der gemeindlichen Bildungsarbeit wurde – was in beiden Fällen durch erhebliche staatliche Kompensationsmittel ermöglicht wurde.

Chancen und Grenzen

Dieses Szenario kann als Chance für das Feld der Konfi-Arbeit empfunden werden, verbunden allerdings mit dem Preis der Aufgabe des schulischen Religionsunterrichts. Dies verändert das Verständnis der Kirche als Bildungsinstitution insgesamt, weil sie der Aufgabe einer allgemeinen Bildungsmitverantwortung im schulischen Kontext nicht mehr gerecht werden kann.

Die Gefahren dieses Szenarios liegen im Verlust einer schulisch eingebetteten und staatlich mitgetragenen religiösen Bildung. Die Konfi-Arbeit kann dies keinesfalls kompensieren. Zu erwarten sind zudem Debatten hinsichtlich des Charakters der Konfi-Arbeit in der Konfliktlinie „Religionsunterricht im Gemeindehaus“ versus „Freiwilliges Angebot mit Jugendarbeits-Charakter“. Es kann zudem sein, dass mit der starken Einbindung der Konfi-Arbeit in ein mehrjähriges gemeindepädagogisches Curriculum die Teilnahmehürden für viele „halbdistanzierte“ Jugendliche und Familien zu hoch werden.

Szenario 4: Konfi-Arbeit als evangelisches Profilangebot für Wenige

Konfi-Arbeit dient der Bekräftigung und der Intensivierung in Glaubensfragen. Sie setzt einen deutlich religiösen Akzent und wendet sich an den „inner circle“ der Interessierten.

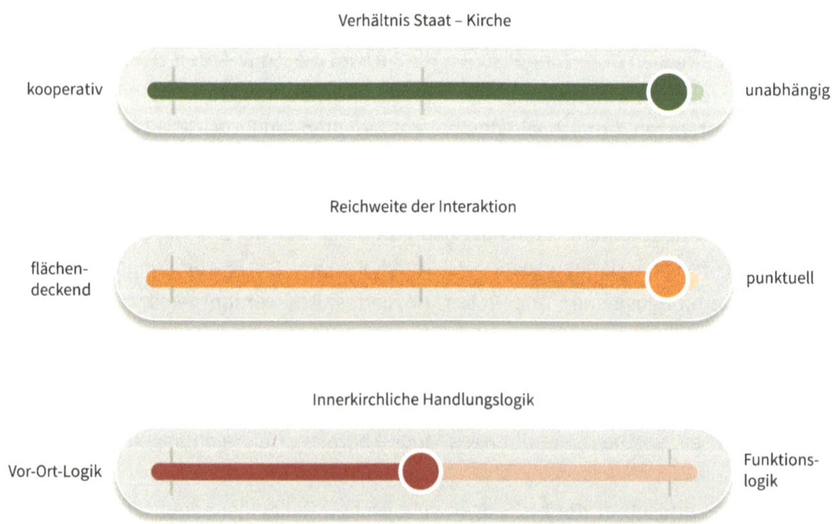

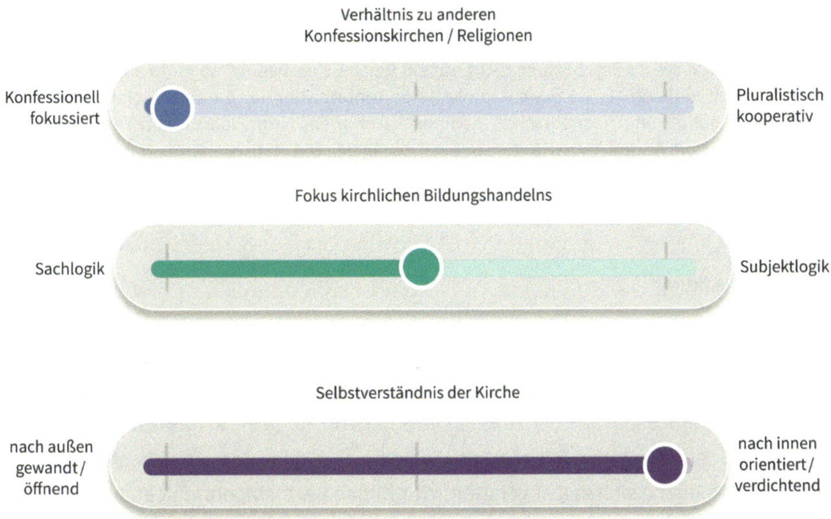

Die Konfi-Arbeit wird zum Ort der Zurüstung für die geistlich besonders Interessierten: Wenige nehmen teil, diese sind aber hoch verbunden und bilden den Kern der zukünftig aktiven Kirchenmitglieder (vgl. Szenario 5 im Bereich Jugendarbeit). Die Konfirmation gilt vor allem als geistlicher Akt, der zugleich die feste Verwurzelung in der Gemeinde manifestiert.

In Europa sind England und, etwas moderater, auch die Niederlande Beispiele für eine Entwicklung, in der sich die Konfirmation von einem volkskirchlichen Ritus zu einer gar nicht mehr exklusiv auf das Jugendalter bezogenen Bekenntnishandlung verwandelt hat, durch die eine entschiedene Minorität ihren Glauben öffentlich bezeugt – mit entsprechenden Folgen für die darauf bezogene pädagogische Vorbereitungszeit.

Chancen und Grenzen

Eine Chance dieses Szenarios besteht darin, dass die Gruppen in religiöser Hinsicht weniger heterogen zusammengesetzt sind und so die besonders Interessierten und Motivierten „auf ihre Kosten kommen“. Für die Angemeldeten wird die schwindende familiale religiöse Bildung kompensiert, sofern Jugendliche aus kirchenfernen Familien sich für diese Art der Konfi-Zeit gewinnen lassen. Die Konfirmierten erhalten in den ebenfalls im Sinne eines entschiedenen Christentums strukturierten Kirchengemeinden rasch nach der Konfirmation eine wichtige Schlüsselrolle (sofern sie dort ein anschlussfähiges junges Gemeindeleben vorfinden). Durch den nachlassenden Charakter einer Jahrgangs-Kasualie könnte sich die Konfirmation vom festgelegten Alter der 14-Jährigen lösen und zu einem im Lebenslauf selbstbestimmten Zeitpunkt der aktiven Bestätigung der Kindertaufe werden, ähnlich wie die Gliederaufnahme in der Evangelisch-methodistischen Kirche. Auch hinsichtlich des Kirchenbilds werden Ähnlichkeiten zu freikirchlichen Strukturen gestärkt, indem die gesamtgesellschaftliche Einbettung der Konfi-Arbeit zugunsten einer Kirche der Entschiedenen zurückgefahren wird.

Bereits hier deutet sich die Schattenseite dieser Entwicklungsoption an: Da sie Entschiedenheit im Glauben voraussetzt und anstrebt, dürfte die Konfirmationsquote deutlich sinken, auf weniger als ein Drittel der evangelischen Jugendlichen des jeweiligen Jahrgangs. Damit büßt die Konfi-Arbeit an öffentlicher Sichtbarkeit ein. In einer durchschnittlichen achten Schulklasse sind es dann nur noch ein oder zwei Jugendliche, die sich zur Konfi-Zeit anmelden. Dabei ist klar, dass mit dieser Entwicklung nicht nur ein Reichweitenverlust, sondern auch eine Milieuverengung einhergeht. Die Bedeutsamkeit der Konfirmation für die Gesellschaft schwindet, Verwandtschaft und Nachbarschaft nehmen kaum mehr Notiz von diesem Fest. So erfolgt dann auch kein Abdruck von Konfirmationslisten in der Zeitung, reservierte Nachmittage oder der freie Montag nach der Konfirmation in Schulbesuchsverordnungen werden aufgehoben.

Schlussbemerkung

Auch bei diesen Szenarien wird deutlich, dass es bei der Weiterentwicklung evangelischer Bildungsarbeit angesichts sinkender Kirchenmitgliedszahlen nicht nur darum geht, wie die Kirche angemessen auf die Herausforderungen des gesellschaftlichen, religiösen und (jugend)kulturellen Wandels reagiert. Es kommt bei allen Szenarien auch besonders darauf an, wie Kirche sich selbst versteht. Wer Kirche vor allem dort findet, wo Christ*innen entschieden ihren Glauben leben und feiern, wird die Konfi-Arbeit so anlegen, dass die Bildungsprozesse in diesem Arbeitsfeld eine solche Gestaltwerdung des Christlichen unterstützen. Umgekehrt legt ein Kirchenbild, das die Öffnung hin zur Gesellschaft betont und die gegebene Pluralität unterschiedlicher Formen und Intensitäten der Kirchenbindung wertschätzt, eine entsprechende Profilierung der Konfi-Arbeit nahe. Auch die damit verbundene Frage nach der Kontinuität bzw. Diskontinuität zu den traditionellen Begründungen und Realisierungsformen kann nicht rein pragmatisch gelöst werden. Sie erfordert vielmehr eine grundsätzliche, theologisch wie pädagogisch fundierte Verständigung über Ziele und Gütekriterien der Konfi-Arbeit, an denen dann die von Organisationsfragen nicht zu lösende Aufgabe der Qualitätsentwicklung auszurichten ist.

4.5 Evangelische Jugendarbeit, Jugendsozialarbeit und Jugendverbandsarbeit

Das außerschulische Bildungshandeln mit jungen Menschen, das im vorliegenden Kapitel beschrieben wird, ist Teil der im SGB VIII normierten Kinder- und Jugendhilfe.

Sie zielt darauf, dass junge Menschen sich „zu einer selbstbestimmten, eigenverantwortlichen und gemeinschaftsfähigen Persönlichkeit“ entwickeln können (§ 1 SGB VIII). Dabei sind zwei Ausformungen zu unterscheiden: Die Kinder- und Jugendarbeit (regelmäßige Gruppen sowie offene Angebote) richtet sich an alle Personen unter 27 Jahren, sie soll „an den Interessen junger Menschen anknüpfen und von ihnen mitbestimmt und mitgestaltet werden, sie zur Selbstbestimmung befähigen und zu gesellschaftlicher Mitverantwortung und zu sozialem Engagement anregen“ (§ 11 SGB VIII). Die Jugendsozialarbeit dagegen richtet sich an junge Menschen, „die zum Ausgleich sozialer Benachteiligungen oder zur Überwindung individueller Beeinträchtigungen in erhöhtem Maße auf Unterstützung angewiesen sind“ (§ 13 SGB VIII).

Nach § 75 SGB VIII ist die evangelische Kirche als Körperschaft öffentlichen Rechts anerkannt als Träger der freien Jugendhilfe und als solcher berechtigt, an den Mitteln der öffentlichen Hand zu partizipieren, sofern sie die im SGB VIII beschriebenen Voraussetzungen erfüllt (partizipative Grundausrichtung, nicht lediglich Nachwuchsförderung für die eigene Organisation). Die an Werten bezogene Ausrichtung ist dabei im SGB VIII ausdrücklich erwünscht, freie Träger haben einen Förderungsvorrang vor öffentlichen Trägern (Subsidiaritätsprinzip).

Für die Vertretung der Interessen von Kindern und Jugendlichen in Kirche und Gesellschaft gibt es die Evangelische Jugend, die als Verband organisiert ist.

Die Begegnung und das Miteinander sind der Wesenskern der Jugendarbeit, die in erster Linie einen gestaltbaren Beziehungsraum für junge Menschen bereitstellt. Auch wenn die Angebote freizeitorientiert sind, hat die Einordnung als Bildungsangebot ihre Berechtigung: Als Teil non-formaler und informeller Bildung grenzen Jugendarbeit und Jugendsozialarbeit sich von formalen Bildungsangeboten (Schule, Ausbildung, Studium) ab. Ihre Bildungsprozesse mit jungen Menschen sind durch die Einübung sozialer Kompetenzen geprägt. Ziel dieser non-formalen Bildung ist damit nicht unmittelbar verwertbares Wissen, sondern die Befähigung zu einer verantwortungsvollen Lebens- und Zukunftsgestaltung in evangelischer Freiheit. Die Entdeckung und Entwicklung neuer Bildungsorte und Vermittlungsformate zur religiösen Bildung von Kindern und Jugendlichen im Rahmen der evangelischen Kinder- und Jugendarbeit sind daher nicht nur für junge Menschen von hoher Bedeutung, sondern gewinnen auch eine existenzsichernde Bedeutung für die Kirche als Glaubensgemeinschaft.

Die Angebote für Kinder und Jugendliche in der Kirche werden von jeher in großem Maße von ehrenamtlich Mitarbeitenden verantwortet – ein Reichtum kirchlicher Arbeit, der zukünftig noch wichtiger werden wird, da in allen Handlungsfeldern kirchlicher Arbeit neben abnehmenden finanziellen Ressourcen ein deutlicher Fachkräftemangel zu beobachten ist.

Zwischen der Konfi-Arbeit und der Jugendarbeit gibt es vor Ort oft enge Verbindungen, wobei insbesondere der Übergang in eine kontinuierliche Jugendarbeit nach der Konfirmation ein nur selten gelingendes Desiderat darstellt. Gut angenommen werden vielerorts Schulungsangebote, bei denen Konfirmierte für den Einstieg in das Ehrenamt aus- und fortgebildet werden (Jugendgruppenleiter*innenausbildung – Juleica). Vom Feld der Arbeit mit jungen Erwachsenen werden oftmals nur die besonders engagierten Personen angesprochen, die sich ohnehin ehrenamtlich in der Kinder- und Jugendarbeit einbringen, Jugendgottesdienste gestalten oder an Schulungsangeboten teilnehmen. Die Verbindungen von Angeboten der Arbeit mit Jugendlichen oder jungen Erwachsenen hin zu Angeboten der evangelischen Erwachsenenbildung oder der Akademien sind zumeist kaum ausgebaut. Auch die kirchenmusikalische Arbeit, die oftmals vom Vorhandensein hauptamtlicher Kräfte abhängt, wird mancherorts als eigene Säule ohne Berührungspunkte zur klassischen Jugendarbeit gestaltet.

Wie die beschriebenen Rahmenbedingungen verdeutlichen, befindet sich die evangelische Jugendarbeit in einer durch Vielfalt und hohe – auch öffentliche – Anerkennung geprägten Ausgangssituation. Die abzusehenden Entwicklungen in Kirche und Gesellschaft sorgen aber dafür, dass auch hier auf allen Ebenen Entscheidungen darüber getroffen werden müssen, wie die Arbeitsfelder mit jungen Menschen sich aufstellen wollen.

Fünf Szenarien werden im Folgenden beschrieben.

Szenario 1: Versuch, den Status quo so weit wie möglich fortzuführen

Jugendarbeit und Jugendsozialarbeit werden ohne größere konzeptionelle Veränderungen weitergeführt, wobei die sich verschlechternden Rahmenbedingungen die Möglichkeiten vielerorts einschränken.

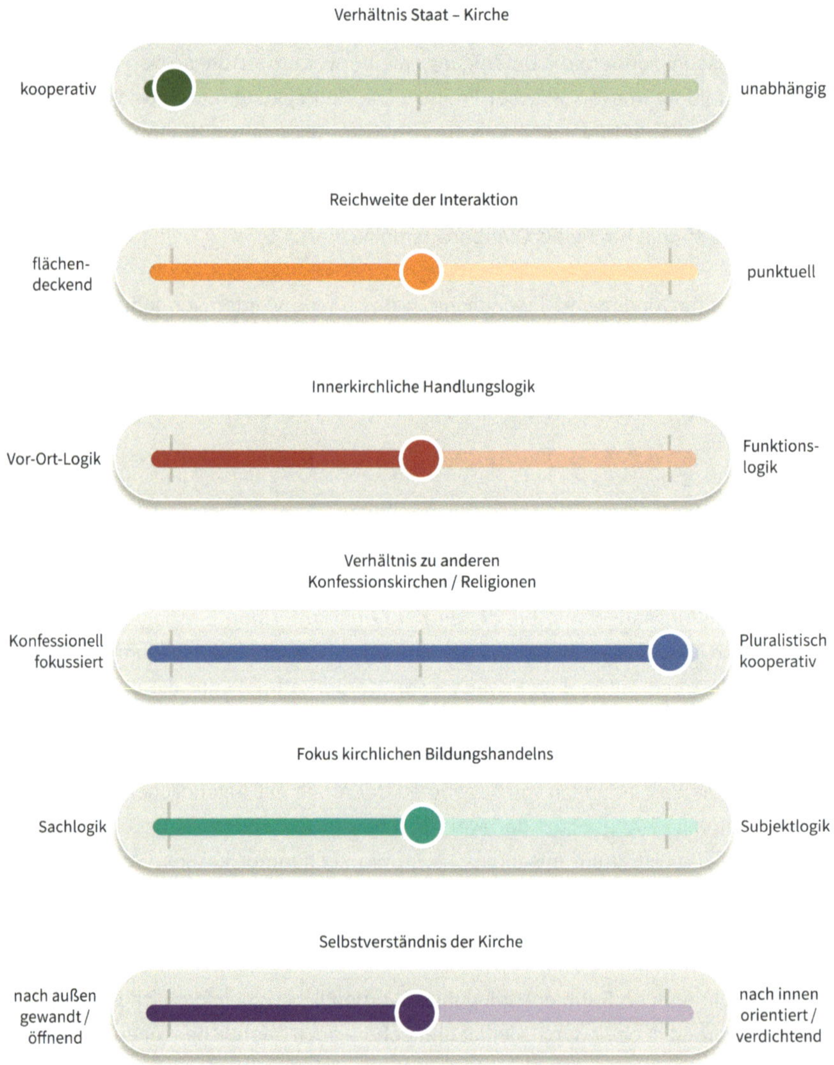

Chancen und Grenzen

In diesem Szenario bemühen sich die Verantwortlichen darum, dass der gewohnte und etablierte Status quo möglichst bestehen bleibt. Ist die Arbeit gut aufgestellt und gibt es Haupt- und Ehrenamtliche mit Leidenschaft für ein bestimmtes Arbeitsfeld, können einzelne Bereiche auch weiterhin gut funktionieren. Allerdings steht das gesamte Handeln unter dem Zeichen drohender Rückgänge von Finanzen und engagierten Personen, beides hängt mit dem zahlenmäßigen Rückgang evangelischer junger Menschen zusammen. Die Energie wird in das Aufrechterhalten eines Bestands investiert – bei gleichzeitigem Rückbau an einzelnen Stellen. Hierfür sind die Kräfte gebunden, so dass der Aufbau neuer Bereiche nur sehr vereinzelt angegangen werden kann. Die Chance dieses Szenarios besteht darin, dass vorhandene Strukturen weiterhin genutzt werden können und sich an einigen Stellen als tragfähig erweisen. Institutionen, Gremien und eingespielte Jahresprogramme müssen nicht aufwändig neu installiert werden, sondern laufen weiter. Die konzeptionelle Orientierung besteht in einem „Weiter so", anstrengende Innovationen sind nicht notwendig, und den Engagierten steht aus der Tradition heraus klar vor Augen, was unter Jugendarbeit zu verstehen ist.

Einige Fragen sind hierbei zu klären, damit die Risiken des Szenarios frühzeitig in den Blick genommen werden: Wo ist die Verantwortung verortet, nach notwendigen Veränderungen Ausschau zu halten? In welchem Turnus wird überprüft, ob der aktuelle Stand noch dem entspricht, was eigentlich für Kinder und Jugendliche nötig wäre? Kann mit einer Haltung des „Weiter so" gewährleistet werden, dass mit jungen Menschen Raum für ihre Ideen in der Kirche von morgen geschaffen wird?

Szenario 2: Sozialräumlich orientierte kirchliche Jugendangebote in der Zivilgesellschaft

Kirchliche Jugendarbeit und Jugendsozialarbeit nehmen das Agieren und Gestalten zivilgesellschaftlichen Zusammenlebens als Kernaufgabe auf.

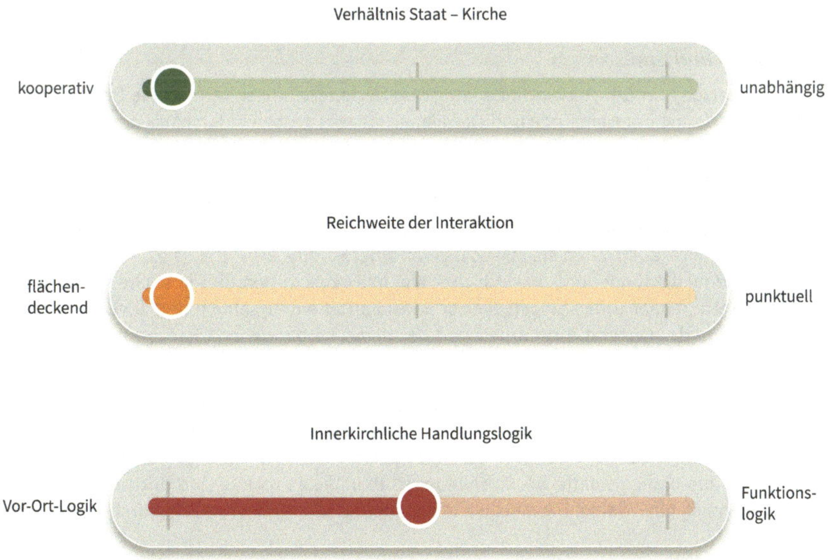

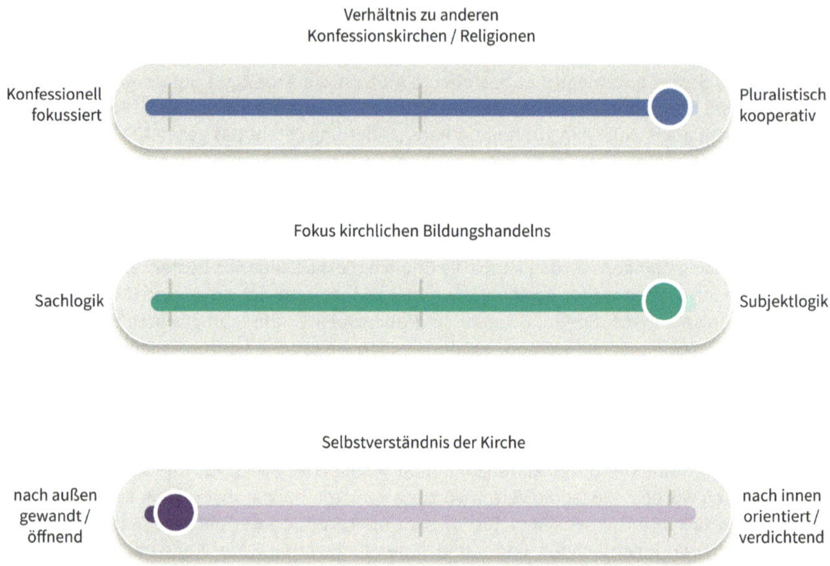

In diesem Szenario geht die Jugendarbeit selbstbewusst davon aus, dass sie mit ihrer evangelisch-diakonisch geprägten Sicht etwas beitragen kann zu einer für die Menschen förderlichen Gesellschaft. Es ist für sie selbstverständlich, vor allem auf die zuzugehen, die Unterstützung und Ansprache brauchen, und so Anwaltschaft für alle jungen Menschen im Sozialraum zu übernehmen. Die bislang eher zaghaften Kooperationen zwischen kirchlicher Jugendarbeit und diakonischer Jugendsozialarbeit werden deutlich intensiviert.

Chancen und Grenzen

Die Vernetzung im Gemeinwesen ist integraler Bestandteil dieser Arbeit. Die Beteiligung an der Entwicklung der Gemeinde und des Gemeinwesens geschieht kirchlich wie kommunal – beide Realitäten sind handlungsleitend. Die Verantwortlichen identifizieren, wer andere Akteur*innen im Sozialraum sind, gehen aktiv auf diese zu (Vereine, Verbände, Schule, Jugendhilfeeinrichtungen, Politik) und arbeiten mit ihnen zusammen. Die Angebote sind direkt ausgerichtet auf Teilnahmechancen, die in unterschiedlichen Milieus Gehör und Akzeptanz finden können – auch durch einen Wechsel von einer Komm- zu einer aufsuchenden Gehstruktur. Das Wohl der Kinder und Jugendlichen klar im Fokus, fordert die kirchliche Jugendarbeit trotz abnehmender Größe selbstbewusst Subsidiarität ein (inhaltlich und auch finanziell) – weil sie von der Qualität ihrer Arbeit und der damit verbundenen Chance für das Gemeinwesen überzeugt ist.

Die bisherigen Kernangebote religiöser Bildung rücken eher in den Hintergrund. Sie geschehen bei Bedarf und „wenn es passt". Die Kommunikation des Evangeliums durch praktisches Tun und das Erheben der Stimme in der Gesellschaft stehen im Vordergrund. Der Glaube wird vor allen durch angewandte Nächstenliebe sichtbar. Viele Projekte sind drittmittelfinanziert und öffentlich förderfähig. Die Reichweite geht deutlich über den Kreis der Kirchenmitglieder hinaus.

Szenario 3: Schulbezogene Kinder- und Jugendarbeit als Wachstumsfeld

Die Jugendarbeit der evangelischen Kirche bewegt sich verstärkt auf Angebote der formalen Bildung zu und erschließt sich hier Wachstumsbereiche.

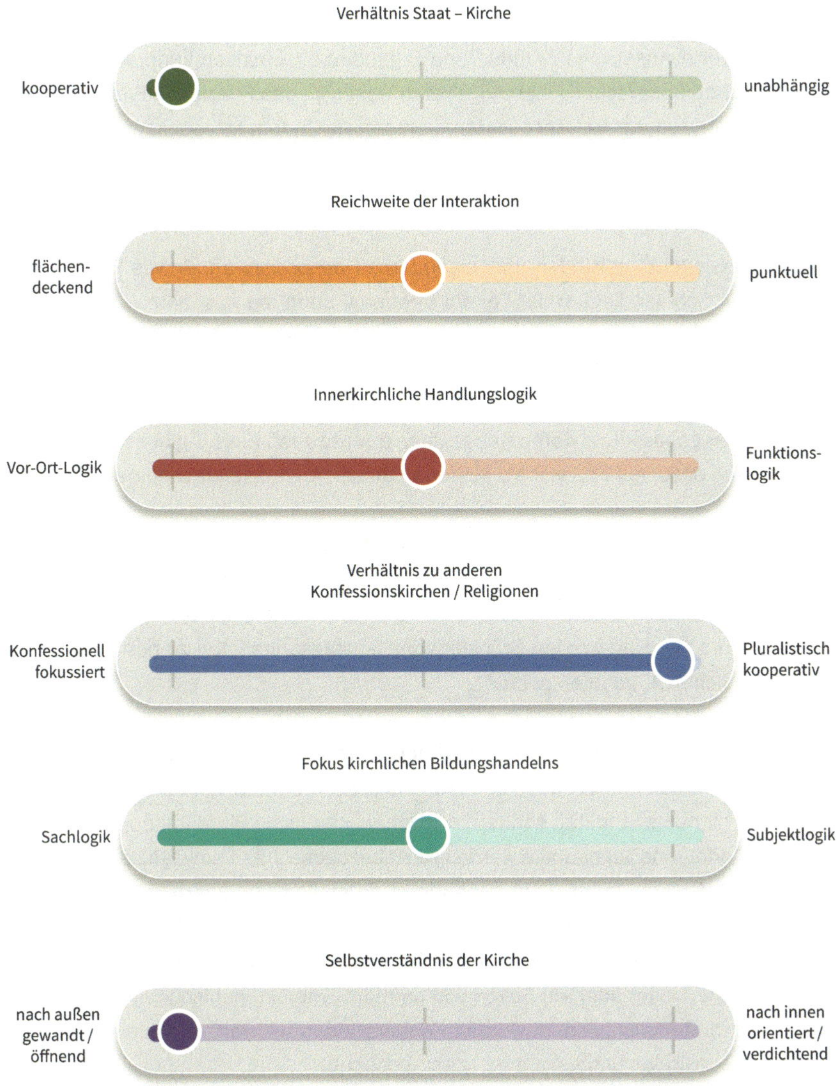

Mit dem Rechtsanspruch auf ganztägige Betreuung im Grundschulbereich (Ganztagsförderungsgesetz, Umsetzung aufwachsend ab 2026) verlagert sich ein großer Teil des Lebens von Grundschulkindern in den schulischen Bereich. Auch weiterführende Schulen arbeiten vermehrt ganztägig bzw. mit Stundentafeln bis in den Nachmittag.

Da die kommunalen Träger voraussichtlich nicht genügend qualifiziertes Personal finden, sind sie dankbar, wenn Träger der evangelischen Kinder- und Jugendarbeit, aber auch der entsprechenden evangelischen Sozialarbeit, bereit sind, sich verlässlich in die Betreuung einzubringen. Die Hauptamtlichen, die sich in diesem Bereich engagieren, sind bei der Kirche oder beim kirchlichen Jugendverband angestellt, ihre Arbeit für den Ganztagsbereich wird aber staatlich fast vollständig refinanziert, so dass der Stellenpool der evangelischen Kinder- und Jugendarbeit wachsen kann. Anders als in den klassischen außerschulischen Angeboten lässt sich das Prinzip der Freiwilligkeit in der Ganztagsbetreuung nur eingeschränkt umsetzen. Zudem fokussiert sich die Arbeit auf das Alter der Grundschulkinder, weil bei Jugendlichen kein umfassender Betreuungsbedarf besteht.

Ein für die evangelische Kinder- und Jugendarbeit besonders attraktives Feld der Kooperation mit Schulen liegt in der Ferienbetreuung, denn mit Ausnahme von maximal vier Wochen Schließzeit müssen die Kommunen auch eine ganztägige Betreuung in Ferienzeiten bereitstellen. Die etablierten Formate (Freizeiten, Kinderbibelwochen, Ferienspielstädte) werden an die Rahmenbedingungen (insbesondere acht Stunden Betreuung pro Tag) angepasst und deren Kapazitäten ausgeweitet. Hierfür gibt es kommunale Zuschüsse, so dass mehr Kinder als bisher an diesen Angeboten teilnehmen können.

Neben der ausgeweiteten schulbezogenen Kinder- und Jugendarbeit im Ganztag gibt es weiterhin außerschulische Angebote. Über personale Brücken (Hauptamtliche, nach Möglichkeit aber auch Ehrenamtliche) sowie die Nutzung kirchlicher/jugendverbandlicher Räume im Ganztag werden Brücken von Ganztagsangeboten zu den außerschulischen kirchlichen Angeboten gebaut.

Die Frage des evangelischen Profils wird durch Verträge mit den Kultusministerien der Länder geregelt. Leitend ist dabei die Idee, dass sich die weltanschauliche Neutralität des Staates nicht als Sterilität, sondern als weltanschauliche Pluralität äußert. Ähnlich wie in der Kinder- und Jugendhilfe werden wertebezogene Träger im Ganztag ausdrücklich gefördert. Sofern sie ihr Profil transparent darstellen (die Eltern müssen wissen, was die Kinder in einem Angebot erleben) und alternative Angebote bereitstehen, können in evangelisch getragenen und aus öffentlichen Geldern finanzierten Angeboten auch christliche Lieder oder ein Segen vorkommen. Eine ökumenische Ausrichtung ist dabei selbstverständlich, zudem werden Kooperationen mit Partnern aus anderen religiösen Hintergründen (insbesondere Islam) gesucht.

Auch die Jugendsozialarbeit in evangelischer Trägerschaft rückt in engere Kooperationsbeziehungen mit der Schule. Die existierenden Angebote der Schulsozialarbeit in Trägerschaft von Diakonie, verfasster Kirche oder evangelischen Jugendverbänden werden weitergeführt und ausgebaut. Als Teil ihrer Gemeinwesenorientierung stellt die Schulsozialarbeit auch Kontakte zur außerschulischen kirchlichen Jugendarbeit her.

Chancen und Grenzen

Die Ausweitung der schulbezogenen Arbeit mit Kindern und Jugendlichen bedeutet in jedem Fall eine Öffnung auf die Gesellschaft hin. Christliche Werte und in ihrem Sinne Handelnde werden als Person inhaltlich und methodisch an Orten erlebbar, an denen dies sonst allenfalls im Religionsunterricht möglich ist. Anknüpfungspunkte zu außerkirchlichen Kooperationen und zu kirchlichen Angeboten über den Schulalltag hinaus können sich in jedem Fall ergeben.

Dennoch bleibt die Schule ein durch Lehrpläne strukturierter Raum formaler Bildung, in dem – wie bereits bemerkt – das Prinzip der Freiwilligkeit nur eingeschränkt umzusetzen ist.

Die Verhältnisbestimmung zwischen Ganztagsangeboten mit geringerem religiösen Profil und explizit evangelisch geprägten außerschulischen Angeboten bleibt herausfordernd. Es besteht die Gefahr, dass die evangelische Jugendarbeit zum weltanschaulich weitgehend neutralisierten Dienstleister im Ganztag wird und ihre außerschulische Arbeit, bei der keine Refinanzierung möglich ist, allmählich verkümmert.

Szenario 4: Leuchtturmprojekte als Erprobungsraum

Jugendarbeit versteht sich exemplarisch. Dort, wo sie Projekte anbietet, gilt sie oft als Erprobungsraum für eine Kirche von morgen.

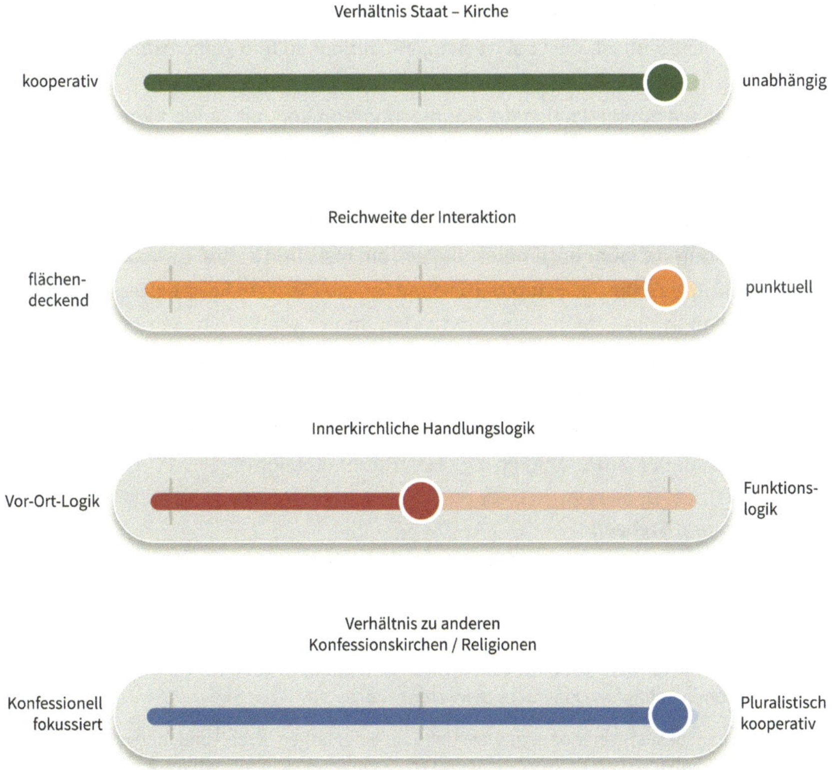

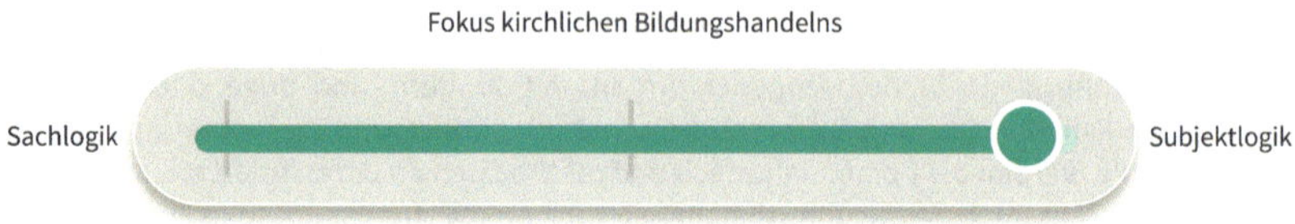

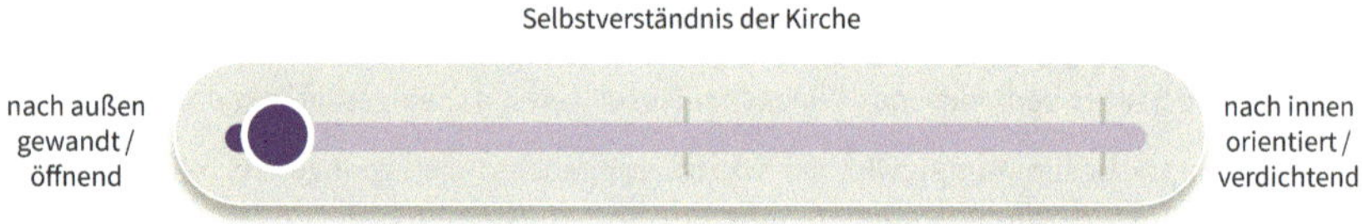

Kirche muss sich zukunftsfähig aufstellen. Die jungen Menschen von heute sollen Kirchenmitglieder und -gestalter*innen von morgen sein. Kirche muss daher schon heute in der Gestaltung der Jugendarbeit der nächsten Generation entsprechen, damit sie für diese eine Heimat sein kann.

In diesem Szenario gelten wöchentliche Gruppenangebote in jeder Kirchengemeinde als Auslaufmodell. Gestärkt werden zentrale Projekte, die Strahlkraft haben und innovatives, einladendes Potenzial: in Jugendkirchen und Leuchtturmprojekten, die den Fokus darauf legen, was vor Ort dran ist, die Lust wecken, mitzumachen und gemeinsam gestalten.

Wenige, für diese Arbeit geeignete Räume und Häuser mit guter technischer Ausstattung und aufgeschlossenen Hauptberuflichen werden dafür bereitgestellt. Es gibt wenig einschränkende Vorgaben, nur die Freiheit, selbst Gemeinde zu sein und zu entwickeln, Angebote zu machen und zusammenzuarbeiten: vielleicht mit Schulen, mit Konfis, mit anderen Glaubensgemeinschaften, ein bisschen Kultur, etwas diakonisches Engagement? Die Rolle der Hauptberuflichen ist die der Ermöglicher. Sie halten den Rahmen, gehen in die Öffentlichkeit und laden immer wieder ein, vernetzen sich mit anderen Akteur*innen im Sozialraum, arbeiten partizipativ und kreativ mit den jungen Menschen zusammen, begleiten und unterstützen sie und ihre Ideen und Bedürfnisse. Einige Leuchtturmprojekte werden auch (mit hoher Professionalität und entsprechender überregionaler Finanzierung) im digitalen Raum etabliert.

Chancen und Grenzen

Es geht darum, selbstwirksam Gemeinschaft zu feiern, Glauben zu erproben und so Gesellschaft und Kirche zu gestalten. Dieses Szenario überspringt parochiale Grenzen und verortet sich regional. Hier entsteht Neues, weil Menschen sich aus eigenem Antrieb zusammenfinden und Kirche sind bzw. sein wollen. Zugleich ist ein hoher Aufwand zu leisten: Entscheidet man sich für den parallelen Beibehalt der Vor-Ort Strukturen, müssen dort jeweils eigenständig Konzeptionen mit hoher Qualität entwickelt werden.

Die Chancen dieses Szenarios liegen zweifellos in einer hohen Strahl- und Innovationskraft bei zuverlässig kalkulierbarem Ressourceneinsatz. Es entsteht ein attraktives Angebot für junge

Menschen im Ort und in der näheren, erreichbaren Umgebung. Die Erwachsenenorganisation kann vom kreativen und innovativen Potenzial lernen und profitieren.

Gleichzeitig nimmt die Präsenz evangelischer Jugendarbeit in der Fläche ab und konzentriert sich auf solche Leuchtturmprojekte. Es werden nicht mehr alle Orte erreicht – vor allem in ländlichen weitläufigen Gebieten wird keine Jugendarbeit in der gewohnten Weise mehr stattfinden. Starke ehrenamtliche Strukturen vor Ort werden auf diese Weise eher nicht gefördert. Außerdem werden Jugendliche, die keinerlei Kontakt zur Kirche haben, davon vermutlich eher nicht angesprochen.

Szenario 5: Fokus auf den „Inner circle"

In diesem Szenario fokussiert evangelische Jugendarbeit auf kirchliche Nachwuchsbegleitung und Rückzug aus den zivilgesellschaftlichen Strukturen.

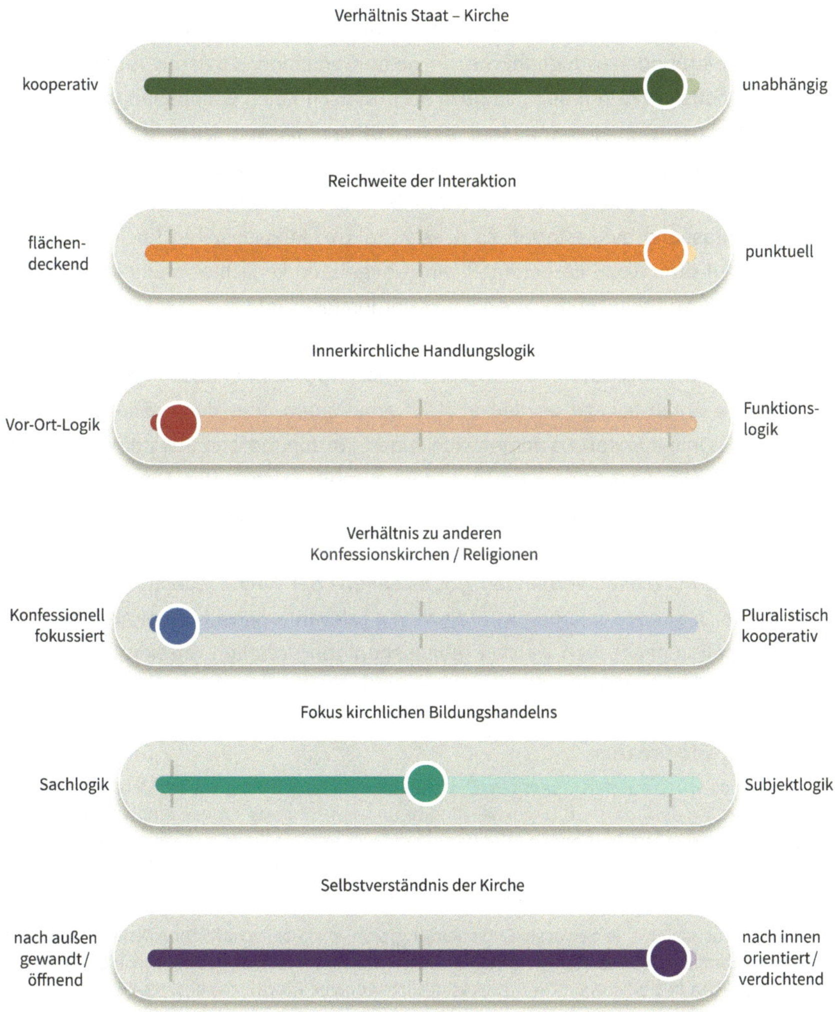

In diesem Szenario definiert die evangelische Jugendarbeit ihr „Kerngeschäft" als Bereitstellung kirchlicher Inhalte für kirchliche Jugendliche. Im Vordergrund stehen Verkündigung und Glaubensvertiefung mit dem Ziel, junge getaufte Menschen im Glauben zu vergewissern und sie in den ortskirchlichen Strukturen zu beheimaten. Jugendarbeit reiht sich als Teil eines Gesamtkatechumenats ein in die Abfolge von Kindergottesdienst, kirchlichen Angeboten für Kinder, Konfi-Arbeit (die sich entsprechend Szenario 4 des Kapitels Konfi-Arbeit ähnlich nach innen orientiert) und Angeboten für junge Erwachsene. Sie arbeitetet deutlich darauf hin, junge Menschen als Kirchenmitglieder zu gewinnen, zu halten und zu engagierten Gestaltenden der Erwachsenengemeinde zu entwickeln.

Die Reichweite der Jugendarbeit nimmt hierbei deutlich ab. Für Kinder und Jugendliche, die ein großes Interesse an inhaltlichen Auseinandersetzungen mit Glaubensfragen haben, bieten die Angebote nun aber einen ungestörten Raum, ihren Glauben zu entfalten und mit Gleichgesinnten zu leben. Realistischerweise wird die Zahl der in dieser Weise verbundenen Jugendlichen in vielen Gemeinden zu gering für lebensfähige Jugendarbeitsstrukturen sein, so dass dort faktisch keine Gruppenangebote stattfinden. In anderen Gemeinden können sich aber Kristallisationsorte für Hochverbundene entwickeln, beispielsweise mit regelmäßigen lebendigen Jugendgottesdiensten. Die wenigen verbleibenden Angebote (etwa 10 % des bisherigen Bestandes) werden finanziell umfassend ausgestattet, so dass attraktive Möglichkeiten für Interessierte entstehen. Auf öffentliche Fördermittel wird weitgehend verzichtet, weil die Förderbedingungen eine so deutliche religiöse Fokussierung nicht erlauben.

Die Arbeit findet konzentriert in den verbliebenen Gemeindehäusern oder -räumen statt, längere Anfahrtswege werden in Kauf genommen oder durch Shuttleservices kompensiert. Online-Angebote richten sich zudem an Jugendliche aus dem ländlichen Raum, für die kein erreichbares Präsenzangebot mehr existiert. Für Offene Türen, Jugendcafés und eher jugendsozialarbeiterische Angebote werden, soweit möglich, Übernahmevereinbarungen mit außerkirchlichen Verbänden geschlossen. An praktischen Kooperationen mit diesen Verbänden gibt es seitens der Kirche jedoch kein besonderes Interesse. Jugendsozialarbeit wird als wenig relevant angesehen; die Kontakte zu nicht-religiösen Jugendlichen werden (abgesehen von gezielten missionarischen Aktionen) weitgehend aufgegeben.

Chancen und Grenzen

Die Fokussierung auf den „Inner circle" bedeutet eine Engführung die in ihrer Eindeutigkeit reizvoll sein kann, da sie u.U. ein Wir-Gefühl und die Bindung an gemeindliche/kirchliche Strukturen zu befördern vermag. Dies kann eventuell auch den perspektivischen Erhalt kirchlicher Arbeitsstrukturen dadurch stärken, dass die eindeutige Bindung Brücken in kirchliches Leben über die Schul- und Ausbildungszeit hinaus erleichtert.

Sie ist jedoch auch eine bewusste Entscheidung, sich von gesellschaftlichen Diskursen, die die Lebensumstände von Kindern und Jugendlichen betreffen, teilweise zu verabschieden. Damit nimmt Jugendarbeit in Kauf, zivilgesellschaftlich weniger anschlussfähig zu sein.

Schlussbemerkung

Kinder und Jugendliche sind in Gegenwart und Zukunft wichtiger Bestandteil kirchlichen Lebens. Schreibt man ihnen diese Bedeutung zu, ist es wichtig, Partizipation zu ermöglichen und Räume zu öffnen, in denen Kinder und Jugendliche Kirche leben, erleben und gestalten können. Es gilt, ausgehend von den jeweiligen kirchlichen wie gesellschaftlichen Realitäten ein Umfeld zu ermöglichen, das Jugendarbeit, Jugendsozialarbeit und Jugendverbandsarbeit befördert. Dies geschieht dann auf der Basis einer altersgruppenübergreifenden Verständigung über die theologische und pädagogische Ausrichtung. Die mögliche, in den vorangestellten Szenarien beschriebene Bandbreite ist eine Chance, wenn man sich auf den Diskurs einlässt.

4.6 Erwachsenenbezogene Bildung

> Erwachsenenbildung in kirchlicher Trägerschaft nimmt im Rahmen der Weiterbildungsgesetze als anerkannter Bildungsträger an dem gesellschaftlichen Auftrag der non-formalen Erwachsenenbildung teil. Diese wird durch Landesmittel gefördert. Ihre Einrichtungen sind über landeskirchliche Verbandsstrukturen sowie auf Bundesebene über die „Evangelische Erwachsenenbildung – Bundesverband" miteinander vernetzt. Sie verzeichneten nach Zahlen des Bundesverbands im Jahr 2020 rund 879.000 Teilnahmen mit 52.000 Bildungsveranstaltungen.
>
> Familienbildungseinrichtungen sind Orte lebensbegleitender Bildung für Familien in ihren vielfältigen Lebensformen und -phasen. Sie verstehen sich als Teil des öffentlichen Bildungssystems, werden bundeslandspezifisch mit Landesmitteln gefördert und bringen evangelische Perspektiven in ihre Bildungsangebote und in den gesellschaftlichen Diskurs über Familie ein. EKD-übergreifend haben sie sich z. T. in der Evangelischen Arbeitsgemeinschaft Familie – eaf, zum Teil über die EEB-Landesverbände und den Bundesverband organisiert. Erwachsenen- und Familienbildung werden zudem, gefördert aus Bundesmitteln, durch das Comenius-Institut als Evangelische Arbeitsstätte für Erziehungswissenschaften fachlich begleitet.
>
> Unter den öffentlich geförderten Bildungsträgern gehören die Evangelischen Akademien zu den größten Anbietern non-formaler Bildung in der zivilgesellschaftlichen Trägerlandschaft der Bundesrepublik. Sie sind auf Bundesebene über den Dachverband der Evangelischen Akademien in Deutschland vernetzt. Die 16 Evangelischen Akademien verzeichneten nach Zahlen des Bundesverbands im Jahr 2022 rund 50.000 Teilnahmen mit 1.700 Bildungsveranstaltungen. Zwanzig Prozent der Teilnehmenden sind jünger als 27 Jahre. Ein wesentlicher Schwerpunkt der Evangelischen Akademiearbeit ist die politische Bildung junger Menschen.
>
> Auch die ökumenische und entwicklungspolitische Arbeit der Kirche ist über weite Strecken non-formale Bildungsarbeit, an der von Jugendichen bis zu Senior*innen unterschiedliche Altersgruppen teilhaben.[15]

Evangelische Erwachsenenbildung ist vielfältig. Sie vollzieht sich im Kontext von Gemeinden oder Einrichtungen, ist ehrenamtlich oder hauptamtlich getragen, wird aus kirchlichen Mitteln oder in einem Mix aus kirchlichen und öffentlichen Mitteln finan-

15 Vgl. dazu Kirchenamt der EKD: Lernende Kirche im Horizont des globalen Christentums, Leipzig 2026 (i.V.).

ziert. Die hier vorgelegten Überlegungen beziehen sich auf die öffentlich mitfinanzierte, häufig einrichtungsbezogene, durch professionelle pädagogische Kräfte begleitete Bildungsarbeit mit Erwachsenen. In diesem Sinn wird sie im Folgenden unter dem Begriff „erwachsenenbezogene Bildung“ zusammengefasst.

Das Bildungsangebot der Evangelischen Erwachsenenbildung umfasst kompetenzorientierte Fort- und Weiterbildungsangebote. In der Familienbildung werden Erwachsene im Rahmen von familienbezogenen Lebenssituationen, Herausforderungen und Bildungsbedarfen angesprochen. Die diskursorientierten und politischen Bildungsangebote der Evangelischen Akademien vermitteln Denkanstöße zu Entwicklungen in Politik, Gesellschaft, Religion, Kultur und Wissenschaft und setzen Themen in gesellschaftlichen Debatten.

Es besteht der Anspruch, dass bei allen Angeboten die kirchliche Trägerschaft und damit ein evangelisches Profil deutlich wird. Im Angebotsspektrum erwachsenenbezogener Bildung halten kirchliche Träger religiöse Bildungsangebote vor, die sich auch an konfessionslose Menschen und säkulare Milieus richten, was ein Alleinstellungsmerkmal in der Bildungslandschaft darstellt. Das bedeutet jedoch nicht, dass die Inhalte primär theologisch ausgerichtet sind. Evangelische erwachsenenbezogene Bildung zielt auf Stärkung von Persönlichkeit und Urteilsfähigkeit, eröffnet Lernräume zu biografisch relevanten und zu gesellschaftlich aktuellen Themen, vermittelt Begegnung von Menschen und Sichtweisen, dient der Dialogfähigkeit zwischen Andersdenkenden und -glaubenden und stärkt darin auch die je eigene religiöse Sprachfähigkeit.

So vielfältig wie das Bildungsangebot selbst sind auch die Zielgruppen. Sie reichen von Erziehungsberechtigten, Azubis, Studierenden, allgemein Bildungsinteressierten, Menschen mit Grundbildungsbedarfen, ehrenamtlich Engagierten bis zu berufsaktiven Multiplikator*innen und Verantwortungsträger*innen.

Evangelische erwachsenenbezogene Bildung vollzieht sich in einem Spannungsfeld aus staatlichen Erwartungen, kirchlichen Anliegen und den Bedürfnissen ihrer Zielgruppe. In dieser Grundkonstellation steht sie vor der Notwendigkeit, evangelisches Bildungsverständnis, kirchliche Verankerung und die Verortung im gesellschaftlichen Bildungshandeln unter Berücksichtigung der dort gegebenen bildungspolitischen, förderpolitischen und rechtlichen Vorgaben zu verknüpfen.

Angesichts der Kirchenmitgliedschafts- und Kirchensteuerentwicklung steht evangelische erwachsenenbezogene Bildung vor der Frage, in welchem Umfang und mit welcher konzeptionellen Ausrichtung und Zielperspektive sie als Teil kirchlichen Handelns zukünftig gestaltet werden soll. Um hier Orientierung an die Hand zu geben, werden im Folgenden denkbare Szenarien für die evangelische Beteiligung in diesem Bildungsfeld beschrieben.

Szenario 1: Kirche-Sein in der Welt und für die Welt – Erwachsenenbezogene Bildungsarbeit als evangelisch profilierte Gestaltung eines allgemeinen gesellschaftlichen Bildungsauftrags

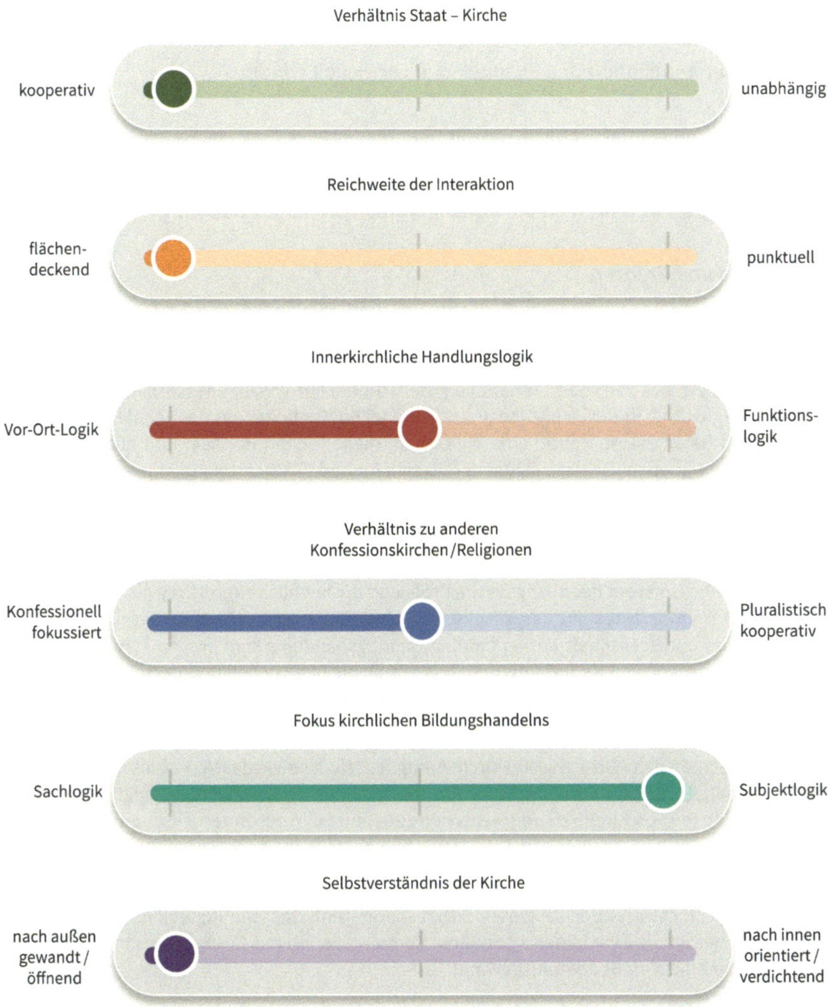

Bleibt trotz religionsdemografischer Minderheitensituation eine gesellschaftliche Akzeptanz dafür vorhanden, dass Kirche für zentrale gesamtgesellschaftliche Aufgaben gemeinsam mit anderen freien Trägern Mitverantwortung übernimmt, dann lässt sich evangelische erwachsenenbezogene Bildung verstehen und gestalten als erkennbar kirchlich geprägter Beitrag zu einem allgemeinen gesellschaftlichen Bildungsauftrag.

Ziel dieses Bildungsauftrags ist es in diesem Szenario, durch Bildungsangebote für Erwachsene in zentralen Fragen des Menschseins erfahrbar werden zu lassen, welches

Selbstverständnis, welche Lebenshaltung und welches Menschenbild sich mit einer Lebensgestaltung in evangelischer Orientierung verbindet – und dadurch zu einer Stärkung der einzelnen Person und des gesellschaftlichen Zusammenhaltes beizutragen. Dabei kommen auch solche Lebensalter und Berufsgruppen in den Blick, die durch andere kirchliche Angebote eher weniger erreicht und nun eben hier in eine alltagsbezogene Kommunikation des Evangeliums verwickelt werden.

Handlungsleitend ist hier, möglichst breit und in der Fläche mit evangelischen Bildungseinrichtungen vertreten zu sein – und dies als eine zielgruppenorientierte Gestaltung von Kirche in größeren räumlichen Zusammenhängen zu verstehen.

Chancen und Grenzen

Eine so gestaltete evangelische Erwachsenen- und Familienbildung ist eingebettet in ein Grundverständnis des Kirche-Seins in der Welt. In ihrem Bildungshandeln versteht sich evangelische Kirche als werteorientiert-beitragende Institution in gemeinsamen gesellschaftlichen Aufträgen, die sich insgesamt innerhalb gesellschaftlicher Vollzüge verwirklicht – wie in der Kasualbegleitung, in der Seelsorge in institutionellen Kontexten (in der Schule, im Krankenhaus und Gefängnis, in Polizei oder Militär), im diakonischen Handeln und eben in der Bildungsarbeit (neben Einrichtungen der Familien- und Erwachsenenbildung: Konfi-Arbeit, Kitas, Religionsunterricht, Evangelische Schulen, Offene Türen).

Eine veränderte Logik der „Flächenversorgung“ löst die Parochie ab, in der nicht die Zielgruppe der Kirchenmitglieder und die Orientierung an kirchlichen Binnenvollzügen im Vordergrund stehen, sondern das evangelische Profil und die kirchliche Verortung als Grundausrichtung und Haltung eines mit den gesellschaftlichen Bildungsvollzügen eng verwobenen und auf die Gesamtgesellschaft ausgerichteten Bildungshandelns zum Tragen kommen. Erst im Rahmen einer solchen Neuorientierung ließen sich die finanziellen und personellen Ressourcen erschließen, die für die entsprechende Transformation der evangelischen Erwachsenen- und Familienbildung sowie der Akademiearbeit notwendig wären.

Betrachtet man den Rückgang von Kirchenmitgliedschaft sowie das Verhältnis von Anzahl der Kirchenmitglieder und derjenigen, die kerngemeindlich erreicht werden, liegt es nahe, die Kontaktflächen von Kirche zu den Menschen zunehmend in gesamtgesellschaftliche Vollzüge zu verlagern, d. h. dort zu sein, wo die Menschen auch unabhängig von Kirchenbezügen verortet sind.

Angesichts nachlassender religiöser Sozialisation wird das bildungsorientierte kirchliche Handeln betont, da eine bildend gestaltete Kommunikation des Evangeliums bis ins Erwachsenenalter hinein an Bedeutung gewinnt.

In der konkreten Ausgestaltung werden bestehende Bildungsorte erhalten. Sie geht einher mit einer Einbindung und einem Ausbau von aufsuchenden Formaten an Alltagsorten und sozialräumlich-orientierten Lernorten sowie einer Stärkung der Zusammenarbeit mit gesellschaftlichen und staatlichen Akteur*innen (z. B. zivilgesellschaftliche Akteure, Polizei, politische Verantwortungsträger*innen, Krankenhäuser, Schulen und andere Anbieter der erwachsenenbezogenen Bildung). Auch digitale und hybride Formate sind ein Baustein, um mit den Bildungsangeboten in gesellschaftlichen Bezügen in der Fläche wirksam zu werden. Um bedarfsgerechte Angebote vorzuhalten, müssten die Einrichtung stark sozialräumlich verortet und in die jeweiligen kommunal- und landespolitischen Bezüge vernetzt sein. Eine Koordination im Sinne von Qualitätssicherung, Vernetzung und Transfer müsste sichergestellt werden. Zudem sind eine stärkere Professionalisierung und Schwerpunktsetzung auf Hauptamtlichkeit die Kernelemente zur Umsetzung des Modells.

Bildungsorientiertes kirchliches Handeln entwickelt sich an den Bildungsorten und im Bildungsgeschehen, die auch jenseits theologisch-religiös ausgerichteter Bildungsangebote mit christlich-spirituellen Aspekten (z. B. Andachten, Gottesdienste) verbunden werden können. Mit der Kontaktfläche zu einer Vielzahl gesellschaftlicher Gruppen kann kirchliches Bildungshandeln in der breiten Fläche wirken und zugleich Kirchenbilder, die an Plausibilität verlieren, durch gesellschaftlich anschlussfähige Bilder erweitern und mit neuem Leben füllen.

Die Präsenz von Kirche in gesellschaftlichen Bildungsvollzügen bringt eine öffentliche Mitfinanzierung und damit Stabilisierung des kirchlichen Handelns mit sich. Die Partner des Staates werden künftig vielfältiger. Die Kirchen werden in diesem Verantwortungsgefüge wichtige Bildungspartner des Staates bleiben trotz sinkender Mitgliedszahlen.

Evangelische Prägung der erwachsenenbezogenen evangelischen Bildungsangebote drückt sich im Bildungsverständnis, in damit verbundenen Menschenbildern und pädagogischen und fachlichen Haltungen aus. Das teilt evangelische Erwachsenenbildung mit anderen konfessionellen Trägern und eröffnet als eine mögliche Handlungsstrategie den Ausbau der ökumenischen – ggf. auch transreligiösen – Zusammenarbeit. Umsetzbar ist dieses Modell zum Beispiel durch ein abgestimmtes Vorgehen zwischen evangelischer und katholischer Kirche in einer Region mit dem Ziel, eine christlich geprägte erwachsenenbezogene Bildungsarbeit in konfessioneller oder auch gemeinsamer Trägerschaft in der Fläche erreichbar vorzuhalten.

Szenario 2: Akademien, Erwachsenen- und Familienbildungseinrichtungen als eigenständige kirchliche Orte

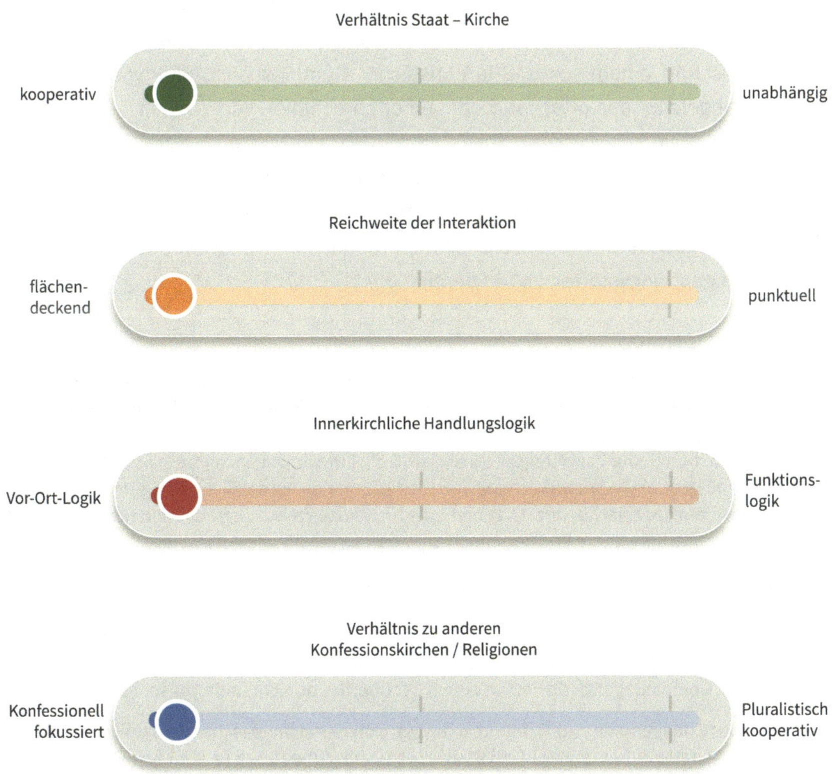

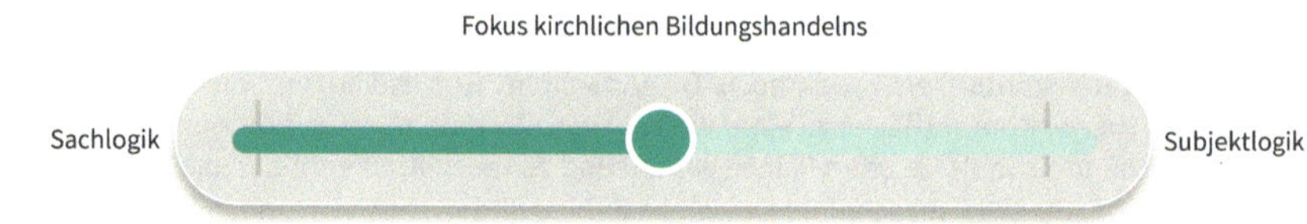

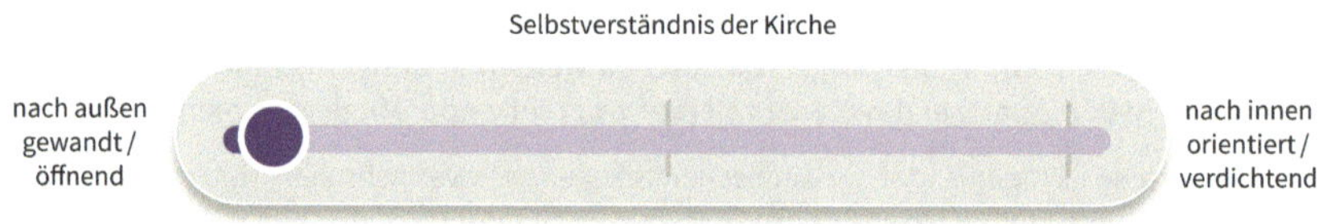

In diesem Szenario besteht der Umgang mit schwindenden Ressourcen darin, ein möglichst flächendeckendes Netz kirchlicher Orte zu erhalten, die mit jeweils unterschiedlichen Funktionen und Angeboten Menschen erreichen und dabei auch Anknüpfungspunkte für gemeindliches Leben bieten.

Ziel ist es, dass Kirche möglichst flächendeckend Orte der Begegnung anbietet, ohne aber an jedem Ort alle Möglichkeiten kirchlichen Handelns vorzuhalten. Bildungseinrichtungen und diakonische Einrichtungen sind gemeinsam mit Kirchen und Gemeindehäusern gleichberechtigte Orte und Kristallisationskerne kirchlichen Handelns in die Gesellschaft hinein sowie Orte christlicher Gemeinschaftsbildung und in ihrer Logik nicht abgeleitet aus oder verortet in einer parochialen Verfasstheit.

Evangelische Einrichtungen erwachsenenbezogener Bildung werden in dieses in der Fläche abgestimmte Konzept einbezogen. Sie werden weiterentwickelt in dem Verständnis, als eigenständige kirchliche Orte im räumlichen Netzwerk unterschiedlicher kirchlicher Begegnungsstätten zu fungieren.

Chancen und Grenzen

Dieses Szenario bettet evangelische Erwachsenen- und Familienbildung in ein Grundverständnis des Kirche-Seins in der Welt ein. Sie ist einerseits ein offenes, nicht auf eine kirchliche Zielgruppe fokussiertes Angebot unter den Finanzierungsvorgaben und im Gestaltungsspielraum des öffentlichen Bildungsauftrags. Zugleich sind die Einrichtungen in ihrem Selbstverständnis in vollständigem Sinne Verwirklichung von Kirche. In ihnen verwirklicht sich gemeindliche Gemeinschaft auf spezifische, und zwar bildungsorientierte Weise. Zugleich sind die Orte Kristallisationspunkte für weitere Formen christlicher Gemeinschaft wie gottesdienstliche Angebote.

Dieses Konzept kann in mittleren räumlichen Strukturen (etwa Kirchenkreisen) dort eine Bedeutung gewinnen, wo besonders in städtischen Kontexten im Rahmen von gemeindeübergreifenden Räumen oder Fusionen hin zu Großgemeinden gemeindliche Standorte konzentriert werden oder Kirche im Sinne einer klassischen parochialen Struktur (Kirche/Gemeindehaus, Pfarrer*in, Gemeindegottesdienst) an einem Ort überhaupt nicht mehr präsent sein kann.

Kirchliches Engagement und Ressourcen im Bereich der evangelischen Erwachsenenbildung werden besonders dort aufrechterhalten oder etabliert, wo andere kirchliche Begegnungsflächen oder Orte abgebaut werden oder nicht vorhanden sind. Sie verwirklichen sich als ein Baustein in einem Netz kirchlicher Orte, die mit unterschiedlicher Schwerpunktsetzung und Zielgruppenorientierung Erwachsene und Familien in Berührung mit christlicher Lebenshaltung und Handlungsorientierung bringen und einen Raum der Kommunikation des Evangeliums eröffnen. Dieses Konzept kann auch als zielgruppenorientierte bzw. themenorientierte Gemeindebildung verstanden werden, hier genauer gesagt als bildungsorientierte oder auch politisch-diskursive Form der Gemeindebildung.

Überregionale Bildungsstandorte (z. B. Akademien) können als Teil eines solchen Netzwerkes regionaler Kristallisationspunkte verstanden und entwickelt werden. Damit ist auf ein Spezifikum dieses Konzeptes hingewiesen: Grenzziehungen zwischen gemeindlichen, regionalen und überregionalen Angeboten werden transzendiert; alle Angebotsformen werden daraufhin analysiert, inwiefern sie Teil auch eines Netzes der nahen kirchlichen Orte sind bzw. sein können. Ebenenübergreifende Konzeptionierung und Steuerung kirchlichen Handelns sind damit angezeigt.

Kirche bleibt in diesem Szenario in einer Vielfalt von Angeboten präsent und bietet damit breite Kontaktflächen für Menschen unterschiedlichster Prägung und vielfältiger Interessen. Sie ist ortsnah präsent und zeigt sich im jeweils unmittelbaren lokalen Umfeld der Menschen.

In der „Konkurrenz" zu anders konfigurierten kirchlichen Orten haben Einrichtungen der erwachsenenbezogenen Bildungsarbeit ihren Vorteil in der Hinsicht, dass sie öffentlich mitfinanziert sind, also eine kirchliche Präsenz ermöglichen, ohne ausschließlich auf Kirchensteuermittel angewiesen zu sein.

In der beschriebenen Ortsnähe ist Kirche in dieser Konzeption allerdings nur jeweils spezifisch und damit zielgruppenfokussiert präsent – in einer Familienbildungsstätte etwa für familienorientierte Angebote, in der Erwachsenenbildungseinrichtung konzentriert auf Erwachsene mit Bildungsanliegen. Dieses Konzept setzt also darauf, dass Menschen Kirche zwar in ihrem unmittelbaren Umfeld erleben, zugleich aber bereit sind, orientiert an ihren jeweiligen Bedarfen und Interessenlagen auch über größere Entfernungen hinweg kirchliche Orte und Angebote zu nutzen – und je nach biografischer Situation sich „mitwachsend" neue kirchliche Orte als „heimatliche" Orte zu erschließen.

Indem mehr Bildungseinrichtungen auch als kirchliche Orte vermittelt und gesehen werden, verbindet sich für Kirche die Möglichkeit, mithilfe der jeweiligen Fachlichkeit der Einrichtungen (z. B. Familienbildung, Erwachsenenbildung, Politische Bildung) in gesamtgesellschaftlichen Bezügen verankert und akzeptiert zu sein. Zudem bieten sich für Kirche zusätzliche Gelegenheiten, auf gesellschaftliche und auf Bildungsdiskurse Einfluss zu nehmen.

Um nicht allein als Bildungsort mit kirchlichem Hintergrund, sondern als kirchlicher Ort wahrgenommen zu werden, besteht eine spezifische Herausforderung darin, ergänzende Angebote zu schaffen (gottesdienstliche Formate, gemeinschaftsbildende Angebote wie Café- und Kommunikationsbereiche, Gemeindebürofunktionen o.ä.), um die herum sich auch Gemeindebildung oder Gemeindepflege ereignen kann. Dies muss zudem in einer Form geschehen, die sich konzeptionell in die Einrichtungsstrategie einbettet und die Förderfähigkeit als Bildungseinrichtung nicht in Frage stellt.

Szenario 3: Evangelische Erwachsenen- und Familienbildungseinrichtungen als Erprobungsraum und exemplarisches Bildungshandeln

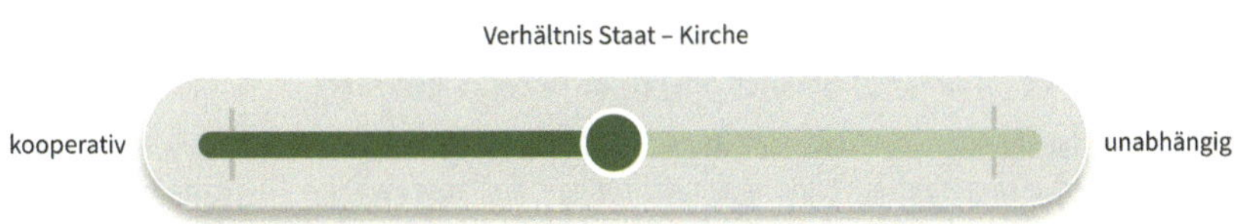

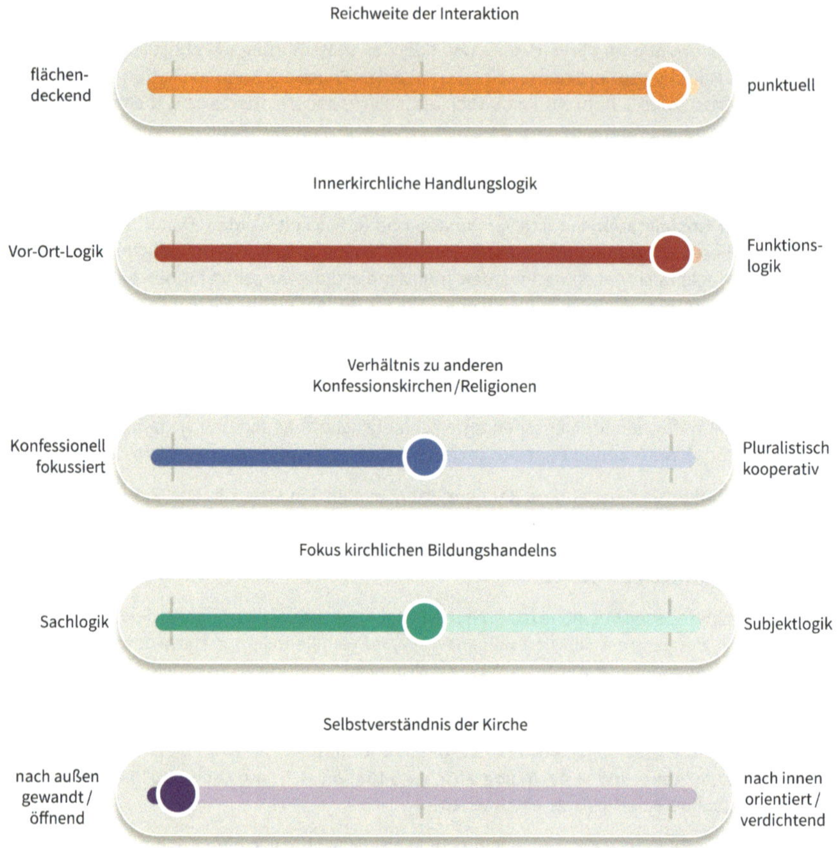

Ausgehend von der Situation einer Minderheitenkirche übernehmen evangelische Erwachsenenbildungseinrichtungen in diesem Szenario ausschließlich modellhaftes und exemplarisches Handeln. Im Sinne einer Laborfunktion geht es darum, als Ausdruck evangelischer Bildungsverantwortung mit intensivem Ressourceneinsatz für die Einzeleinrichtung und unter wissenschaftlicher Begleitforschung zu „zeigen, was möglich ist".

Chancen und Grenzen

Die Konzepte, die in diesem Szenario im Praxisfeld entwickelt und erprobt werden, sind auf Übertragbarkeit angelegt und zielen darauf ab, gestaltende Impulse in Bezug auf Aspekte wie Partizipation, Inklusion, Grundbildung, Demokratiestärkung, Nachhaltigkeit, Extremismusprävention, besonders hinsichtlich rdes eligiösen Fundamentalismus u. ä., in die nicht-kirchlich getragene Bildungslandschaft insgesamt hinein zu vermitteln. Intensiv aufgenommen werden jeweils aktuelle gesellschaftliche Entwicklungen und Herausforderungen, und damit wird auch die Förderfähigkeit durch öffentliche Mittel ausgeweitet.

Denkbar ist zum Beispiel, dass sich die Akademie einer Landeskirche in Zusammenarbeit mit regionalen evangelischen Bildungseinrichtungen auf ausgewählte Fokusthemen und Zielgruppen konzentriert, dies jedoch mit dem Anspruch verbindet, diesen Ansatz bundesweit wirksam werden zu lassen (Leuchtturm-Projekt) und die Themenexpertise auch in den Dienst anderer Landeskirchen zu stellen. Hier ist dann die Frage zu beantworten, welcher Zielgruppe Kirche in besonderer Weise Raum geben und welche Themen sie in besonderer Weise gesellschaftsgestaltend begleiten möchte.

In diesem Szenario ist eine ökumenische oder transreligiöse Zusammenarbeit denkbar, die vornehmlich die religionsspezifischen Kompetenzen mit den Potenzialen des interreligiösen Dialogs verbindet, um gesamtgesellschaftlich innovative und exemplarische Impulse zu setzen.

Kirche zöge sich in diesem Szenario vollständig von dem Anspruch zurück, ein flächendeckendes Angebot von Einrichtungen der erwachsenenbezogenen Bildung vorzuhalten, sondern setzte darauf, dass aus evangelischem Bildungsverständnis erwachsendes punktuelles, innovatives, qualitätsorientiertes und wirksames Bildungshandeln sich auf andere gesellschaftliche Bildungsakteure übertragen lässt und damit zugleich die hinterlegten bzw. damit verbundenen Werte, Menschenbilder und Lebensverständnisse auch in säkularen Kontexten Aufnahme finden.

In der Folge bräuchte es ein zumindest landeskirchenweit, wenn nicht ein EKD-weit abgestimmtes Konzept mit dem Ziel, unterschiedliche regionale Gegebenheiten sowie verschiedene sozialräumliche Strukturen zu berücksichtigen und so für differente Anforderungssituationen Lösungen zu entwickeln. Die Entwicklung eines passgenauen und wirksamen Transferkonzepts ist in diesem Szenario eine Schlüsselaufgabe.

Eine Reduktion der Einrichtungen, Fachkräfte, der Themenvielfalt und damit sowohl des Kirchensteuereinsatzes als auch der abrufbaren Drittmittel sind eine erwartbare Folge. Reduzieren oder verändern sich die Einrichtungen auf eine Weise, die auch Auswirkungen auf die jeweilige Fachlichkeit hat, schrumpfen in der Folge die zweckgebundenen staatlichen Förderungen.

Szenario 4: Evangelische Erwachsenen- und Familienbildungseinrichtungen als christlich-religiös geprägtes Bildungsangebot für Kirchenmitglieder und evangelisch Verbundene

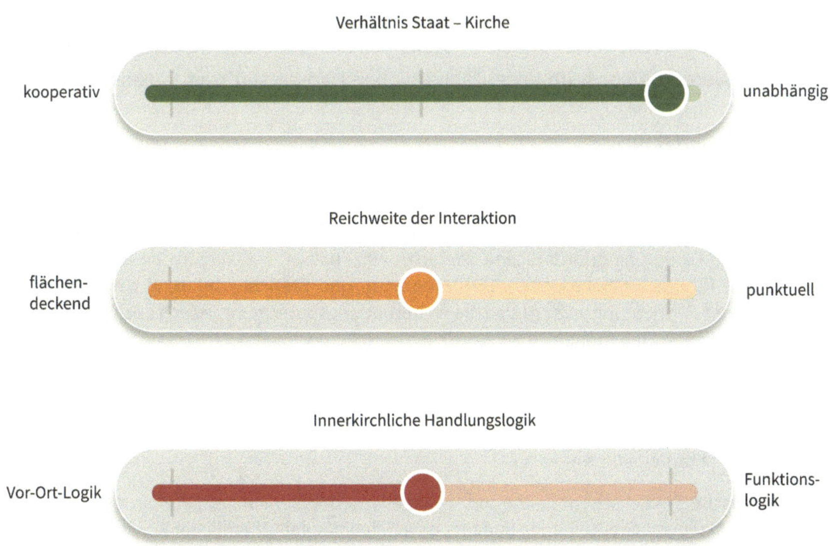

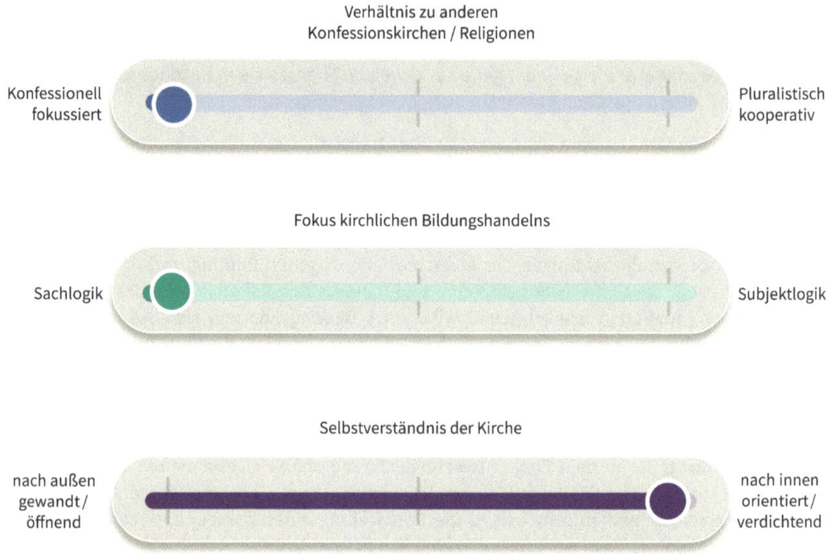

In diesem Szenario stellen sich Einrichtungen Evangelischer Erwachsenenbildung bewusst als christlich geprägte Anbieter und somit als klar inhaltlich fokussierte Alternative neben anderen Weiterbildungsanbietern wie den Volkshochschulen auf. Der thematische Fokus wird dann auf christlich-religiöse Fragestellungen sowie eine deutliche kirchliche Konnotation aller auch thematisch breiter angelegten Bildungsangebote gelegt. In den Mittelpunkt rücken die Bildungsbedarfe von Kirchenmitgliedern und von evangelisch verbundenen Menschen sowie der institutionelle Bedarf an Qualifizierung für kirchliches Ehrenamt. Im Hintergrund kann das Argument stehen, dass es nicht zum Kernauftrag von Kirche als christlicher Gemeinschaft gehöre, einen allgemeinen und auch von anderen umsetzbaren gesellschaftlichen Bildungsauftrag zu verantworten.

Chancen und Grenzen

Die Umsetzung kann so erfolgen, dass auf die Einhaltung formaler Förderkriterien und damit auf öffentliche Förderung bewusst und um der religiösen Fokussierung willen verzichtet wird. Denkbar ist auch, dass sich Einrichtungen weiterhin darum bemühen, formal die für eine öffentliche Förderung erforderlichen Vorgaben einzuhalten, z. B. öffentliche Ausschreibung, Offenheit für alle Teilnehmenden, Dokumentation und Statistik. Aufgrund der sehr klaren inhaltlichen Ausrichtung verengt sich die Weiterbildungsbeteiligung jedoch auch dann auf die innerkirchlichen Zielgruppen.

Evangelisches Bildungshandeln mit Erwachsenen kann sich in diesem Ansatz ganz auf eine Bearbeitung von Themenfeldern in evangelischer Ausrichtung, auf die Zielsetzung der religiösen und kirchlich-institutionellen Bindung der Teilnehmenden sowie die Stärkung ehrenamtlicher Mitarbeit konzentrieren.

Evangelische Erwachsenenbildung und Evangelische Akademien verlieren in diesem Handlungsansatz einen Großteil ihrer Budgets durch den Wegfall öffentlicher Förderungen. Auch sind ihre bisher breiten Möglichkeiten der zusätzlichen Drittmittelakquise beschnitten.

Im Falle eines Bemühens um die formale Einhaltung der Förderkriterien und mit dem Verweis auf Trägerpluralität könnte ein teilweiser Erhalt öffentlicher Förderung möglich sein. Das setzt voraus, dass Fragen religiöser Bildung im gesellschaftlichen Diskurs als gesamtgesellschaftlich relevant angesehen werden und entsprechend förderfähig sind und bleiben. Es bleibt allerdings das dauerhaft gegebene Risiko, eine öffentliche Förderung komplett einzubüßen.

Das erwartete fortschreitende Schrumpfen evangelisch-kirchlich gebundener Milieus führt zur alleinigen Ausrichtung der Erwachsenenbildungseinrichtungen an einer zunehmend kleiner werdenden Zielgruppe. Ein Rückbau der einrichtungsorientierten erwachsenenbezogenen Bildung fällt in diesem Szenario folglich radikal aus.

Die Konzentration auf eine kleiner werdende Zielgruppe, für die evangelischen Erwachsenenbildung verantwortlich wäre, lässt finanzielle Einsparmöglichkeiten erwarten, wobei der genannte Wegfall zusätzlicher öffentlicher Einnahmequellen gegengerechnet werden müsste.

Da Evangelische Akademien offene Diskursräume an der Schnittstelle zwischen Kirche und anderen Gesellschaftsebenen anbieten und Dialog in Bezug auf gesellschaftlich kontroverse Themen ermöglichen, ist in diesem Szenario eine Fortführung der Akademiearbeit in heutiger Form eher nicht angezeigt. Sofern einzelne Akademien erhalten und neu ausgerichtet werden, ist eine Ausrichtung auf binnenkirchliche oder kirchenbezogen-politische Diskurse und damit auf kirchenpolitische Interessen, Herausforderungen und Entscheidungsnotwendigkeiten denkbar, verbunden mit der Notwendigkeit einer rein kirchlichen Finanzierung. Damit verliert Kirche in diesem Szenario einen Teil ihrer Reichweite in säkulare und nicht-kirchlich gebundene Milieus und einen zentralen Handlungsraum dafür, gesamtgesellschaftliche Diskurse mitzugestalten.

Szenario 5: Erwachsenen- und Familienbildung ohne kirchliche Mitfinanzierung

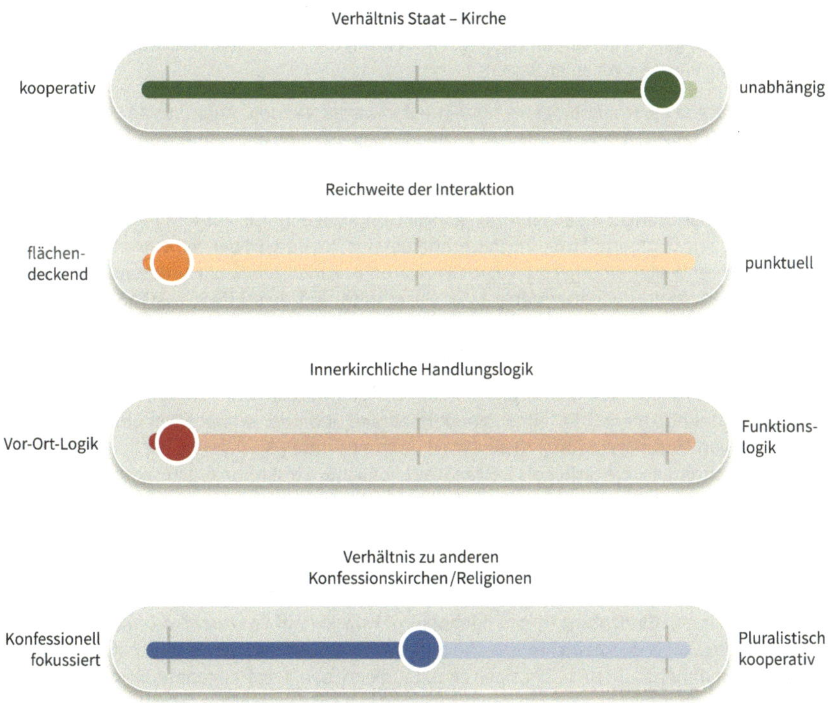

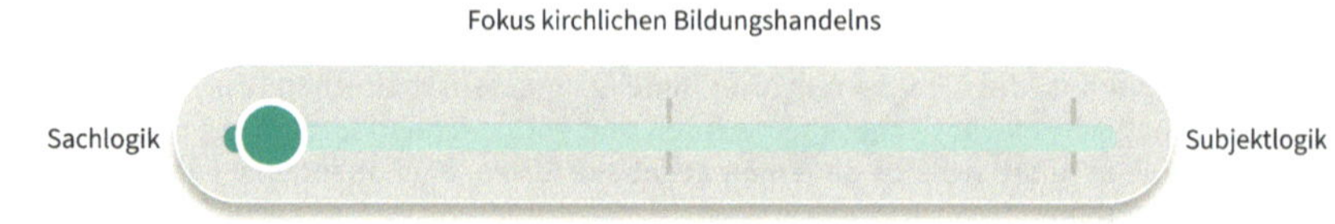

In diesem Szenario zieht sich Kirche aus der finanziellen Verantwortung für Einrichtungen der evangelischen erwachsenenbezogenen Bildungsarbeit vollständig zurück. Evangelische Erwachsenen- und Familienbildung verliert damit in dem Mix von Trägermitteln (kirchlichen Mitteln), Teilnehmendenbeiträgen und öffentlichen Mitteln den Anteil der Trägermittel.

Chancen und Grenzen

Kirche könnte Erwachsenenbildungseinrichtungen in dem Übergangsprozess begleiten, beraten und ihn über zeitlich begrenzte finanzielle Sonderzuwendungen unterstützen. Über Mitgliedschaft oder Gesellschafter kann weiterhin im ideellen Sinne kirchliche Nähe oder die Sichtbarkeit des kirchlichen Ursprungs der Einrichtungen sichergestellt werden.

Kirche ist in diesem Szenario vom finanziellen Risiko entlastet, ohne dass damit aber eine Präsenz evangelisch geprägten Bildungshandelns in der Familien- und Erwachsenenbildung vollständig verloren gehen muss.

Diese Präsenz kann allerdings nur punktuell erwartet werden. Aufgrund der ebenfalls begrenzten Finanzkraft der öffentlichen Zuwendungsgeber und der begrenzten Anzahl entsprechender Förderstiftungen kann es nur wenigen sehr klar profilierten und bekannten Einrichtungen gelingen, diesen Weg erfolgreich zu beschreiten. Auch wird es kaum möglich sein, dass eigenständige Einrichtungen finanziell gänzlich ohne Eigenmittel auskommen, da diese auch immer in eine Drittmittelförderung einzubringen sind. Im Bereich der gemeinwohlorientierten allgemeinen Weiterbildung sind keine Strukturen bekannt, die flächendeckend unabhängig von Trägermitteln überlebensfähig sind. Bestimmte und einschlägig zuständige staatliche Ebenen wie die für Weiterbildung zuständigen Kommunen erfüllen ihren öffentlichen Auftrag bereits mit der Trägerschaft von Volkshochschulen.

Erwachsenenbildungseinrichtungen können in diesem Szenario versuchen, den Wegfall der Trägermittel durch erhöhte Teilnehmendenbeiträge und/oder erhöhte Bemühungen im Einwerben von Drittmitteln (öffentliche Mittel, Stiftungsmittel, Sponsoring etc.) zu kompensieren. Einrichtungen, die bisher als Bestandteil kirchlicher Strukturen organisiert sind, müssten zur finanziellen Abkopplung in eigenständige Rechtsformen überführt werden, z. B. Vereine oder gGmbHs. Eine konfessionsübergreifende bzw. interreligiöse Zusammenarbeit ist in diesem Zuge denkbar.

Um den Wegfall kirchlicher Trägermittel mit erhöhten Teilnehmendenbeiträgen zu kompensieren, müssten Einrichtungen ihr Angebotsprofil stärker auf finanzstarke Zielgruppen sowie auf Bildungsangebote ausrichten, für die typischerweise eine höhere Bereitschaft besteht, höhere Teilnahmegebühren zu bezahlen (z. B. Studienreisen, Pilgerangebote, Bildungsurlaube,

Angebote mit Fokus auf berufliche Verwertbarkeit). Das Profil verändert sich eher hin zu einer Abschluss- und Zertifikatsorientierung.

In diesem Szenario geht das Alleinstellungsmerkmal kirchlicher Träger verloren, religiöse Bildungsangebote als Teil eines für alle Zielgruppen übernommenen allgemeinen Bildungsauftrags in die Bildungslandschaft einzubringen.

Kirchenmitgliedern als Zielgruppe stehen Bildungsangebote mit dezidiert evangelischem Profil nur noch eingeschränkt zur Verfügung. Kirchengemeinden, Kirchenkreise und Landeskirchen verlieren die Möglichkeit, ihre Anliegen, Themen und Fragestellungen in Bildungsangebote einfließen zu lassen, sowie zentrale Diskursräume, in denen diese eingebracht werden.

Ohne kirchliche Trägerschaft können evangelische Erwachsenenbildung und Evangelische Akademien ihrer Scharnierfunktion zwischen Kirche und Gesellschaft nicht weiter nachkommen. Insbesondere kirchlich getragene Dialogarbeit und die Arbeit mit gesellschaftlichen und politischen Verantwortungsträger*innen, wie sie aktuell in Evangelischen Akademien stattfindet, kann in diesem Szenario nicht fortgeführt werden.

Szenario 6: Erwachsenen- und Familienbildung als digitales Bildungsangebot

In diesem Szenario setzen Erwachsenen- und Familienbildungseinrichtungen auf ein rein digitales Bildungskonzept. Sie bauen ihre bestehenden digitalen Angebote, Materialien wie auch Plattformen schrittweise aus. Überregionale Kooperationen erfahren eine Stärkung. Aus der Trägerschaft von Bildungshäusern zieht sich die Kirche zurück.

Chancen und Grenzen

Die Umstellung auf ein rein digitales Bildungskonzept baut auf Erfahrungen sowie bestehenden digitalen Angeboten auf. Spätestens seit der Corona-Pandemie haben sich Formate wie Räume der erwachsenenbezogenen Bildung gewandelt. Bildungsangebote finden verstärkt im digitalen und im hybriden Raum statt. Digitale Formate und Methoden sind systematisch (weiter)entwickelt worden.

Bei der Umgestaltung auf ein rein digitales Bildungsangebot sollte sich der kirchliche Ressourceneinsatz von Immobilien, Räumen sowie Fachpersonal stark reduzieren lassen. Überregionale Kooperationen wie Schwerpunkte können gefördert oder geschaffen werden. Verschiedene Angebote lassen sich auf einer gemeinsamen digitalen Plattform zusammenführen.

Ein rein digitales Bildungsangebot kann einerseits neue Zielgruppen erschließen, andererseits gehen jene Zielgruppen verloren, welche die Begegnung, den informellen Austausch oder auch einen geschützten Raum am dritten Ort schätzen.

So richtet sich erwachsenenbezogene Bildungsarbeit zu einem nicht geringen Anteil an junge Menschen unter 27 Jahren. Digitale Medien und die Lebenswelten von Jugendlichen sind aufs Engste miteinander verbunden. Aktuelle Studien zeigen zugleich, dass sich junge Menschen Orte für persönliche Treffen wünschen. Dem Wunsch steht das bundesweite Verschwinden vieler Bildungsstätten freier oder kirchlicher Träger gegenüber.

Familienbildungsarbeit unter Einbeziehung Erwachsener und Kinder, besonders die Krabbelgruppenarbeit, sowie erlebnispädagogische Formate werden in digitaler Ausrichtung nicht umsetzbar sein.

Online-Formate sind kürzer und konzentrierter. Eine tiefgründige Diskussion politischer und gesellschaftlicher Konflikte, wie sie in der Diskursarbeit der Evangelischen Akademien stattfindet, lässt sich nicht vollständig digital abbilden.

> Die öffentliche Mitfinanzierung erwachsenenbezogener Bildungsangebote konzentriert sich vor allem auf Präsenzveranstaltungen. Bei einer vollständigen Umstellung auf digitale Konzepte entfällt ein Großteil dieser Förderung.

Schlussbemerkung

Die evangelische erwachsenenbezogene Bildung ist aktuell ein Praxisfeld mit tatsächlicher und potenzieller Reichweite in alle gesellschaftlichen Gruppen hinein, verbunden mit stabiler und von staatlicher Seite nicht angezweifelter Mitfinanzierung. Die sechs beschriebenen Szenarien für dieses Bildungsfeld zeigen, dass jede Entscheidung zur Zukunft des Praxisfeldes Auswirkungen auf das Spannungsfeld aus öffentlicher Förderung, kirchlichen Anliegen und Zielgruppenorientierung hat. Rücken allein kirchliche Anliegen stärker in den Fokus, wirkt sich dies auf die öffentliche Förderung und die mögliche Reichweite evangelischer erwachsenenbezogener Bildung aus. Im Vordergrund steht die Grundentscheidung, ob sich evangelische Bildungseinrichtungen für Erwachsene und Familien weiterhin als erkennbar kirchlicher Beitrag zur Erfüllung eines allgemeinen Bildungsauftrags verstehen.

5. Deutungen und Einordnungen

Die Beiträge in Kapitel 5 setzen sich zu den vorangehenden Szenarien ins Verhältnis: Sie bieten Deutungen und Einordnungen an.

Dabei nehmen sie verschiedene Perspektiven ein: Zunächst werden (in Kap. 5.1) Vorschläge gemacht, die skizzierten Szenarien kirchentheoretisch einzuordnen und so in einen größeren Zusammenhang der Kirchenentwicklung zu stellen. Dann werden (in Kap. 5.2) die Szenarien bildungstheoretisch aufgenommen und als Lesarten von Bildungsverantwortung interpretiert. Schließlich wird (in Kap. 5.3) die Notwendigkeit des Entscheidens als Grund dafür angeführt, weshalb es überhaupt nötig ist, in Szenarien, Denkalternativen und Möglichkeitsräumen zu denken.

Weil hier übergeordnete Einordnungen vorgenommen werden, ist dieses Kapitel vor allem für diejenigen von praktischem Nutzen, die für die Gestaltung kirchlichen Lebens als ganzem Verantwortung tragen.

5.1 Kirchentheoretische Perspektiven zu den Szenarien

Die in Kapitel 4 dargestellten Szenarien bieten nicht nur Möglichkeiten kirchenpolitischer Entscheidungen nach pragmatischen Gesichtspunkten, sondern in ihnen bilden sich auch unterschiedliche Verständnisse von Kirche ab. Anders gesagt: Mit den anstehenden Entscheidungen über die Wahrnehmung von Bildungsverantwortung (und der Transformation kirchlicher Strukturen, Handlungsfelder und Personaltableaus) wird über den künftigen Charakter der Kirche und das Verständnis ihres Auftrags entschieden. Insofern stellt das kirchliche Bildungshandeln nicht einfach ein versäultes Handlungsfeld dar, sondern es geht in und mit ihm um die Zukunft der Kirche. Damit weitet sich die Perspektive von der Entwicklung möglichst attraktiver Bildungsangebote zu einer Gesamtsicht auf die Kirche, in der die Bildungsangebote vor dem Hintergrund von Grundentscheidungen mit anderen Handlungsfeldern wie Gottesdienst, Seelsorge, Diakonie und Gemeindeleitung eng verflochten sind.

So bestätigt sich, was in Kapitel 2 entfaltet worden ist: Die Verbindung von Bildung und Kirchenentwicklung ist nicht additiv, sondern eng aufeinander bezogen zu denken. Einerseits wird das Verständnis von Kirche, das sich in den Reformprozessen durchsetzen wird, das künftige Bildungshandeln der Kirche und seine Ausrichtung unweigerlich prägen: Welche Ziele und Formen von Bildungsarbeit und welche konkreten Formate möglich und realistisch sind, hängt in einem hohen Maße von diesen kirchentheoretischen Orientierungen und den damit anvisierten kirchlichen Rahmenbedingungen ab. Andererseits wirken die Entscheidungen zu den künftigen Bildungsformaten auf die künftige Gestalt der Kirche ein.

Nicht nur unter den Kirchenmitgliedern, sondern auch unter den haupt- und ehrenamtlichen Entscheidungsträger*innen gibt es sehr unterschiedliche Vorstellungen davon, in welche Richtung sich die Kirche entwickeln soll, und damit ein breites Spektrum von Kirchenbildern. Diese sind in den letzten Jahrzehnten selten so intensiv thematisiert worden, wie die weitreichenden Entscheidungen zur Zukunft der Kirche es erfordert hätten. Nur vereinzelt ist eine theologisch reflektierte, für die Institution sinnvolle und langfristig realistische Zielvorstellung einer Kirche der Zukunft leitend gewesen. Genau das hat zu der gegenwärtigen Situation geführt, dass gegenwärtig wohl niemand eine klare Vorstellung davon hat, *wie* genau die evangelische Kirche in Deutschland in 20 oder 40 Jahren aussehen wird – wiewohl sich einige Linien gegenwärtig abzuzeichnen scheinen. Nur *dass* sich die Formen, in denen sich die Kirche organisiert, ändern müssen, ist mittlerweile Konsens, sowohl innerhalb der Kirche als auch in der (medialen) Öffentlichkeit.

Die anstehende Transformation muss und soll dem Kontext der Bundesrepublik Deutschland gerecht werden; zugleich aber ist und bleibt die evangelische Kirche in Deutschland ökumenisch eingebettet. Ihr Weg gibt anderen Kirchen und Christ*innen zu lernen, und zugleich bleibt sie selbst eine „lernende Kirche“, die Veränderungen des Christentums weltweit wahrnimmt, an ihnen Anteil hat und sie in ökumenischem Geist begleitet.[16]

Plurale Kirchenbilder als biblisch-theologische Tradition

Theologisch ist dieses weite Spektrum des Verständnisses von Kirche darin begründet, dass weder biblisch noch in den grundlegenden Schriften des Protestantismus eine eindeutige normative Bestimmung zur Gestalt der Kirche zu finden ist. Die Bücher der griechischen Bibel spiegeln sehr unterschiedliche und in sich dynamische Formen und Sozialgestalten wider, in denen sich die Anhänger*innen Jesu von Nazareth und das entstehende Christentum von Beginn an organisiert haben. Während das Matthäusevangelium eine lose strukturierte „Lebensform wandernder Charismatiker mit ihrem radikalen Nachfolge-Ethos“[17] zeichnet, entwirft die lukanische Apostelgeschichte das Bild einer von solidarischer Gütergemeinschaft geprägten Organisation. In der Folge

[16] Dazu: Evangelische Kirche in Deutschland: Lernende Kirche im Horizont globalen Christentums, Leipzig 2026 (i. V.).

[17] Jürgen Roloff: Die Kirche im Neuen Testament (Das Neue Testament Deutsch, Ergänzungsreihe Bd. 10), Göttingen 1993, 165.

der paulinischen Verkündigung versammeln sich die Christusgläubigen einer Stadt als Hausgemeinde, der Epheserbrief geht von einer universalen Kirche aus, während der johanneische Kreis eine exklusive Gemeinschaft annimmt, die fast schon nicht mehr „von dieser Welt" ist.

Zudem findet sich bereits in der Frühzeit des Christentums eine Ausdifferenzierung unterschiedlicher Ämter, in der sich von Anfang an auch die besondere Bedeutung einer bildungsorientierten Weitergabe der frohen Botschaft niederschlägt.

An diese Verbindung von Kernbotschaft und Ämterdifferenzierung knüpfen auch die reformatorischen Bekenntnisschriften an, wenn in CA 7 formuliert wird, dass Wort und Sakrament „genug sind", um rechte Kirche zu sein. Damit grenzt man sich nicht nur gegen die Verbindlichkeit bestimmter Riten, sondern auch von der Vorstellung von nur einer einzigen denkbaren, ganz bestimmten Form von Kirche ab. Verstanden werden kann dies „als Eröffnung einer außerordentlichen Freiheit zur kirchlichen Selbst-Gestaltung, in der sich wiederum die Welt gestaltende *Freiheit des Glaubens* selbst spiegelt"[18]. Gott wird zwar als Grund der Kirche geglaubt, ihre Strukturen gehören jedoch zu den menschlichen Gestaltungaufgaben und richten sich im Sinn einer flexiblen Kirche auch an den faktischen Bedürfnislagen der Menschen aus, die Kirche im jeweiligen Kontext erreichen will. Daher kann prinzipiell keine kirchliche Organisationsform einen prinzipiellen theologischen Vorrang beanspruchen.

Angesichts dieser komplexen Traditionslinien zum Charakter und zur Gestalt der Kirche erscheint es sinnvoll, mehrdimensional mit Polen unterschiedlicher Spannungen zu arbeiten, wie dies die Metapher der „Schieberegler" in den Szenarien vorschlägt. Denn hinter diesen verbergen sich kirchentheoretische Grundentscheidungen, die nun in diesem Folgekapitel transparent gemacht und reflektiert werden sollen, um damit gleichsam von hier aus auch die entfalteten Szenarien nochmals tiefer zu lesen.

Theologisch bildungsrelevante Orientierungen hinter den Grundspannungen der Szenarien

Die *erste* Grundspannung, ob sich die Kirche als Kooperationspartnerin des Staates oder in möglichst großer Unabhängigkeit von diesem versteht, sollte nicht nur an der möglicherweise zurückgehenden gesellschaftlichen Akzeptanz der kleiner werdenden Kirche entschieden, sondern theologisch anhand des Auftrags und des Charakters der

[18] Jan Hermelink: Kirchliche Organisation und das Jenseits des Glaubens. Eine praktisch-theologische Theorie der evangelischen Kirche, Gütersloh 2011, 37 (Hervorhebung im Original).

Kirche reflektiert werden. Kirche steht immer in der Spannung, gleichzeitig nicht von dieser Welt und ein Teil dieser Welt zu sein. Nach christlicher Überzeugung ist sie einerseits göttlich gestiftet und andererseits in ihrer konkreten Gestalt eine Folge menschlicher Entscheidungen. Der oben genannten Einsicht folgend, dass die Gestalt von Kirche nicht normativ festzulegen ist, ist weder einer möglichst engen Kooperation mit dem Staat noch einer möglichst großen Unabhängigkeit von ihm ein prinzipieller theologischer Vorzug zu geben. Kriterium für die Entscheidung kann nur sein, in welcher Form der Auftrag der Kirche voraussichtlich unter den jeweiligen Verhältnissen bzw. im jeweils konkreten Kontext unter den je gegebenen Rahmenbedingungen besser erfüllt werden kann.

Dieser Auftrag kann ebenfalls in unterschiedlicher Weise formuliert werden: Als weitgehend konsensfähig hat sich dabei in jüngerer Zeit die Formel der „Kommunikation des Evangeliums" erwiesen, gerade weil sie in sich noch einmal unterschiedlich verstanden und gedeutet werden kann. Sie macht jedoch deutlich, dass die Kirche kein Selbstzweck ist, sondern einen Kontakt zur christlichen Botschaft von der unendlichen Liebe Gottes, die sich im Leben, Sterben und der Auferstehung Jesu von Nazareth gezeigt hat, eröffnen soll. Damit verbindet sie notwendig „Sache" und „Subjekte", so dass das in den Szenarien als *fünfte* Grundspannung genannte Gegenüber immer nur eine bestimmte Akzentsetzung sein und darstellen kann. In kirchentheoretischer Perspektive ist darauf hinzuweisen, dass theologisch eine Orientierung an der „Sache" ohne die „Subjekte" kaum vorstellbar ist: Es geht nicht darum, die Botschaft zu verwalten oder sie abstrakt „auszurichten", sondern die „Sache" des Evangeliums ist dann an ihrem Ziel, wenn sie bei den Subjekten angekommen ist. In einer Formulierung Martin Luthers: „Denn ob Christus tausendmal für uns gegeben und gekreuzigt würde, wäre es alles umsonst, wenn nicht das Wort Gottes käme, und teilet's aus und schenke mir's und spräche, das soll dein sein, nimm hin und habe dir's" (WA 18; 202,37–203,2).

Die als *zweite* genannte Grundspannung zwischen einer „flächendeckenden" und einer „punktuellen" Orientierung entscheidet dann in kirchentheoretischer Perspektive darüber, wie groß der Adressat*innenkreis der Kommunikation des Evangeliums angesetzt wird. In einer punktuellen Ausrichtung wird die faktische, schwindende Reichweite der kirchlichen Kommunikationsbemühungen als leitend für den künftigen Charakter der Kirche gesetzt. Eine flächendeckende Orientierung versteht den kirchlichen Auftrag unabhängig von der quantitativen Entwicklung bzw. begreift diese möglicherweise auch als Herausforderung, ihre gesellschaftliche Relevanz nicht auf Kirchenmitglieder zu beschränken. Theologisch ist in dieser Variante die Überzeugung leitend, dass der kirchliche Auftrag „aller Welt" gilt – und nicht nur denen, die sich bestimmten kirchlichen Sozialformen zuordnen. Dies kann an den theologischen Ansatz der *missio Dei* erinnern, der im ökumenischen Kontext der Kirchenreformbewegung in den 1960er Jahren die Welt als Feld des göttlichen Wirkens entdeckte, in das die Kirche mit hineingenommen wird – anstatt, dass Gott der Kirche eine Botschaft anvertraut, die sie der Welt weiterzugeben hätte.

Eng damit verbunden ist die oben als *vierter* Aspekt dargestellte Spannung zwischen einer pluralistisch-kooperativen Ausrichtung und einer konfessionellen Fokussierung. Das Verständnis eines göttlichen Wirkens in der gesamten Welt legt eine Kooperation mit anderen Konfessionen, Religionen oder auch Weltanschauungen nahe. Dies bedeutet nicht, die Differenzen zu verleugnen, wohl aber, gemeinsame Anliegen zu identifizieren und diesen gemäß im Horizont des jeweiligen Verständnisses des eigenen Auftrags gemeinsam zu handeln. Eine konfessionelle Fokussierung hingegen betont stärker die Abgrenzung von anderen Konfessionen, Religionen und Weltanschauungen und sucht, den Auftrag auf sich gestellt und möglicherweise mit der Betonung von Alleinstellungsmerkmalen zu erfüllen.

Dies ist nicht zwingend gleichbedeutend mit der als *sechster* Aspekt charakterisierten Spannung zwischen einem nach außen gewandten, öffnenden Selbstverständnis der Kirche und einem nach innen orientierten, verdichtenden Charakter: Es ist auch möglich, dass auf der Basis einer monokonfessionellen Orientierung Menschen neu ein Kontakt zu den christlichen Inhalten eröffnet werden soll. Umgekehrt ist eine pluralistisch-kooperative Ausrichtung jedoch kaum ohne eine Öffnung denkbar, so dass dieser Konnex zumindest naheliegt. Eine Orientierung nach innen beschränkt den kirchlichen Auftrag auf diejenigen, die vorgängig mit dem Evangelium in Kontakt gekommen sind – der „punktuellen" Orientierung der zweiten Grundspannung entsprechend. Ein öffnender Charakter hingegen versteht die Kirche erneut als in „alle Welt" gerichtet. Dabei kann die Ausrichtung sowohl explizit religiös als auch diakonisch verfasst sein.

Dieser Aspekt kann wiederum mit dem *dritten* Aspekt der Szenarien zwischen einer Vor-Ort-Logik und einer Funktionslogik einhergehen, muss es aber nicht. In der Tradition des klassischen parochialen Verständnisses von Gemeinde kann eine Vor-Ort-Logik einer eher nach innen gerichteten Fokussierung folgen, insofern sich diese faktisch als kontinuierliche Gemeinschaft mit bestimmten milieubedingten Zugangsbedingungen und einer vorgängigen christlichen Sozialisation entwickelt hatte. Mittlerweile zeigen jedoch viele Gemeinden, dass sich auch vor Ort öffnende und nach außen wirkende Formen entwickeln können, beispielsweise in einer sozialräumlichen Orientierung. Traditionell ist die sich zunächst in Diensten, Werken und Einrichtungen zeigende Funktionslogik mit einem offenen Charakter verbunden, der mit Erstbegegnungen mit den christlichen Gehalten rechnet und diese fördern möchte. Im Zuge der Veränderungen der gemeindlichen Formen wandert die Funktionslogik stärker in die Gemeinden ein. Theologisch ist auch hier keine normative Präferenz zu setzen, sondern diese Spannung ist erneut daran zu orientieren, in welcher Logik der kirchliche Auftrag voraussichtlich möglichst sinnvoll erfüllt werden kann.

Konkurrierende Kirchenbilder hinter den Grundspannungen der Szenarien

Die enge Verflechtung der für die Szenarien eröffneten einzelnen Aspekte legt bereits nahe, dass hinter diesen grundlegende Kirchenbilder stehen, die sich in verschiedenen Ausprägungen in den einzelnen Aspekten wiederfinden lassen. Wir schlagen dafür die Formulierungen „Gemeinschaft der Heiligen" (*communio sanctorum*) und „Assistenz für die Kommunikation des Evangeliums" vor. Beide Pole sind in der historisch gewachsenen Gestaltungs- und Praxisvielfalt enthalten. Die anstehenden Entscheidungen dürften eine der beiden Ausrichtungen stärken und damit den künftigen Charakter der Kirche prägen. Auch die Konzeptionsdiskussionen kirchlicher Bildungsangebote lassen sich in dieser Linie als Grundkonflikt zwischen diesen unterschiedlichen Kirchenverständnissen bzw. -bildern lesen. Ihre Kenntnis und Reflexion kann helfen, die zu treffenden Entscheidungen noch präziser einzuordnen und sich über ihre Konsequenzen bewusst zu werden.

Die Denkfigur der *communio sanctorum* setzt den geistgewirkten Glauben der einzelnen Christ*innen mit der Gemeinschaft der anderen Glaubenden in Beziehung. Im Vordergrund steht die Verbindung der Gläubigen in Christus und ihre Verbindung untereinander im gemeinsamen Feiern, Teilen und Helfen – und damit *nota bene* auch in gemeinsamen Bildungserfahrungen. Dabei wird ein gemeinsamer christlicher Glaube vorausgesetzt und als Konsequenz dieses Glaubens die Eingliederung in eine bestehende Gemeinschaft beschrieben. „Die Verbindung der Glaubenden zur personalen Gemeinschaft mit Christus und zur personalen Gemeinschaft untereinander sind nicht voneinander zu trennen. Indem der einzelne in der Entfremdung der Sünde gefangene Mensch mit Christus verbunden wird, und sich so das *mirabile commercium* [dt.: der wunderbare Tausch] von menschlicher Sünde und Gerechtigkeit Christi vollzieht, wird er durch die Gemeinschaft mit Christus in die *communio sanctorum* ‚einverleibt'."[19] In dieser communio sind Menschen durch ein nicht hinterfragtes Gemeinsames innerlich verbunden.

Der Ansatz, Kirche in ihrer Assistenzfunktion für die Kommunikation des Evangeliums zu verstehen, begreift hingegen die Entstehung der frühen christlichen Sozialformen als Förderung der persönlichen Initiative und der individuellen Möglichkeiten einzelner Christ*innen, die Botschaft von der Liebe Gottes für alle Welt, die sich im Leben und in der Auferstehung Jesu von Nazareth gezeigt hat, zu kommunizieren. Wenn sich im Lauf der Geschichte in beständigen Weiterentwicklungen konkrete Kirchengestalten wie z. B. die Landeskirchen, die Ortsgemeinden oder auch Formen wie Krankenhausseelsorge und Akademien gebildet haben, dienen diese sehr viel stärker der nach außen gerichteten Kommunikation des Evangeliums als der innerkirchlichen oder innergemeindlichen Glaubensvergewisserung und Gemeinschaftsbildung.

[19] Christoph Schwöbel: Gott in Beziehung. Studien zur Dogmatik, Tübingen 2002, 411.

In diesem Ansatz trägt Kirche dazu bei, dass Menschen dem Evangelium von der unbedingten Liebe Gottes in einer Weise begegnen können, die dieses plausibel und potenziell relevant für ihr Leben erscheinen lässt, ohne dass sie sich selbst sogleich ausdrücklich einer bestimmten Form von Zugehörigkeitspraxis verschreiben müssten. Damit ergibt sich das zentrale Kriterium für die Organisationsformen von Kirche: Sie haben so beschaffen zu sein, dass sie für möglichst viele Menschen eine solche produktive Begegnung mit den christlichen Inhalten ermöglichen, ohne dass ein Bekenntnis zu einer bereits schon bestehenden Gemeinschaft vorausgesetzt wird oder als erforderlich deklariert wird.

Ob die Subjekte die christlichen Inhalte als plausibel und relevant wahrnehmen, bleibt dabei kontingent – und theologisch ohnehin unverfügbar. Allerdings müssen – und auch hier mag man wieder an das weite Feld unterschiedlichster Bildungsangebote denken – die Strukturen so beschaffen sein, dass die Wahrscheinlichkeit dazu möglichst groß ist. Am intensivsten und wohl auch am radikalsten wurde dieser Ansatz von Christian Grethlein formuliert, der die Assistenzfunktion der Kirche nicht nur auf die Kommunikation der Inhalte bezieht, sondern auch auf Sozialformen wie Familie, Schule und Diakonie in ihrer jeweiligen Kommunikation des Evangeliums: „Verfasste Kirche hat die Kommunikation des Evangeliums in anderen Sozialformen zu unterstützen und damit eine wichtige Assistenzfunktion."[20]

Aber auch wenn man weniger auf die Unterstützung anderer Sozialformen zielt, sondern auf die Unterstützung einer plausiblen und lebensrelevanten Begegnung mit christlichen Inhalten, hat dies weitreichende Konsequenzen. Kirche geht es letztlich immer um die „Lebensführung und -deutung Einzelner ‚unter Inanspruchnahme des Christlichen'"[21]. Dieser Überzeugung nach zielt kirchliches Handeln immer auf die „Subjektwerdung der Getauften in ihrem Verhältnis zu Gott, zu Anderen und sich selbst"[22].

Kirche ist damit nicht nur kein Selbstzweck, sondern nimmt auch Abstand von einem Alleinvertretungsanspruch der Kommunikation des Evangeliums. Dies hat Einfluss auf den Charakter der Kirche: „Eine solche Zielsetzung erfordert eine selbstlos agierende Kirche, die sich geradezu verschwenderisch gibt, Ergebnisoffenheit aushält und bereit ist, sich dem Situativen und damit eben auch der Unverfügbarkeit konstitutiv auszusetzen. Damit wäre Kirche allerdings ganz bei ihrer Sache, denn Evangelium vollzieht sich als ein möglichst symmetrischer Kommunikationsvorgang, nicht als einseitig vorgetragene Lehre [sic!] und nimmt die jeweiligen Herausforderungen auf."[23]

---

[20] Christian Grethlein: Praktische Theologie, Tübingen ²2016, 339.

[21] Bernd Schröder: Das Priestertum aller Getauften und die Assistenz der Kirche. Überlegungen zur Neuformatierung der Praktischen Theologie im Anschluss an Christian Grethleins Praktische Theologie, in: Michael Domsgen/Bernd Schröder (Hg.): Kommunikation des Evangeliums, Leitbegriff der Praktischen Theologie (APrTh 57), Leipzig 2014, 141–160, 149.

[22] A.a.O., 159.

[23] Michael Domsgen: Zur Frage nach der Relevanz der Kommunikation des Evangeliums in der gegenwärtigen Gesellschaft, in: EvTh 80 (2020), 337–350, 350.

Konsequenzen für den Bildungsbereich

Ansätze, die die Assistenzfunktion für die Kommunikation des Evangeliums betonen, haben stärker die Situation im Blick, dass Menschen von der Plausibilität der christlichen Inhalte und ihrer möglichen Bedeutung für das eigene Leben jeweils immer wieder neu überzeugt werden müssen. Die Denkfigur der *communio sanctorum* geht hingegen von einem vorhandenen christlichen Glauben als Grundlage einer Gemeinschaft aus. Neue Mitglieder dieser Gemeinschaft müssen zuvor zu diesem Glauben gefunden haben und werden dann in diese Gemeinschaft hineingefügt in der Erwartung, an ihren Vollzugsformen teilzunehmen. Damit sind bestimmte Verbindlichkeiten normativ gesetzt. Der Akzent liegt dabei deutlich weniger auf der notwendigen Plausibilisierung und dem Aufzeigen von „Relevanz und „Lebensgewinn", als dies beim Assistenzansatz der Fall ist.

Angesichts der tiefgreifenden religionsdemografischen Wandlungsprozesse sowie des markant zurückgehenden Interesses an kirchlich konturierter Religion und entsprechender Gemeinschaftsbildung stellt sich die Frage, ob eine solche Bestimmung von Kirche nicht einen stark exklusivistischen Charakter mit sich bringt, der dann eben auch für entsprechende kirchliche Bildungsangebote von Beginn an eine gewisse Zielgruppenverengung riskiert. Insofern ist theologisch zu fragen und möglichst genau zu prüfen, ob und in welcher Hinsicht es weiterhin sinnvoll ist, der Figur der *communio sanctorum* für eine Kirche der Zukunft und damit auch für ihr Bildungsverständnis als Leitbegriff zu folgen.

In der pluralistisch geprägten Gesellschaft müssen die kirchlichen Bildungsangebote erkennen lassen, was die christliche Botschaft und der Kontakt zu ihr im Leben von Menschen positiv verändern *könnten*. Wesentlich für das Erleben von Plausibilität und für die Relevanz entsprechender bildungsbezogener Kommunikationsangebote ist es also, wenn Menschen in ihrer jeweiligen Lebenssituation den Kontakt zur Kirche und ihren Inhalten als hilfreich erleben. Es stellt somit eine eminente Bildungsherausforderung dar, dass Kirche immer weniger auf selbstverständlichen Kontakt, noch auf tradierte und mehr oder weniger bewährte Formen setzen kann. Insofern muss sie immer wieder neu nach der Plausibilität dessen, was sie sagt und was sie tut und vor allem: in welchen Formen sie dies sagt und tut, fragen. Dies aber erfordert neue Gestalten von Kirche bis hinein in die hier zur Diskussion stehenden Bereiche formeller, non-formaler und informeller Bildung.

Von diesen grundlegenden Bestimmungen aus lassen sich dann auch die Konsequenzen der Szenarien schärfen. Sie sind daran zu prüfen, welches Bild von Kirche sie implizieren und möglicherweise auch in Planungs- und Entscheidungsprozessen mit sich führen und mehr oder weniger bewusst befördern. Von dort her ist zu fragen, welche Chancen und welche Grenzen sie im Wechselverhältnis von kirchen- und bildungsbezogenen Handlungsstrategien mit sich bringen. Vor allem aber sind sie als zentrales Kriterium am Verständnis des Auftrags von Kirche selbst zu orientieren.

5.2 Bildungstheoretische Deutungen und Szenarien kirchlicher Bildungsverantwortung

Bildung ist integraler Teil des kirchlichen Selbstverständnisses und der Kommunikation des Evangeliums (vgl. Kap. 2).

Was ist vor dem Hintergrund der konstatierten Krise und des Veränderungsbedarfes kirchlichen Bildungshandelns unter „Bildung" zu verstehen? Wie sind die Szenarien in den Praxisfeldern bildungstheoretisch zu deuten? Antworten auf diese Fragen sind auch deshalb bedeutend, weil im öffentlichen Sprachgebrauch der Begriff „Bildung" vieldeutig ist. Wenn von einer „Bildungskrise" gesprochen wird, ist der Bildungsbegriff negativ konnotiert – und Mängel sollen von „Bildungsinstitutionen" wie der Schule behoben werden. Warum also sollte sich kirchliches Handeln weiterhin auf Bildung beziehen, wenn institutionelle Bildungsmaßnahmen und persönliche Bildungserfahrungen auch negativ besetzt sein können? *Für ein Festhalten am Bildungsbegriff und für ein klares Ausweisen der Potenziale von Bildung sprechen seine tiefe Verwurzelung im evangelisch-kirchlichen Selbstverständnis, seine große Offenheit für gesellschaftliche Entwicklungen und die Betonung der Entfaltung individueller Potenziale aller Menschen.* Bildungstheoretische Einordnungen konturieren sich je nach Szenario und Praxisfeld unterschiedlich, und es ist jeweils zu klären, was dort unter Bildung verstanden werden kann.

Grundsätzliche Relevanz von Bildung

Mit der Veröffentlichung der Denkschrift *Maße des Menschlichen. Evangelische Perspektiven zur Bildung in der Wissens- und Lerngesellschaft* im Jahr 2003 hat die Evangelische Kirche in Deutschland nachdrücklich die Bedeutung des Bildungsbereichs für Kirche und Gesellschaft unterstrichen.[24] Sowohl die Leistungs- als auch die Partizipationsaspekte von Bildung wurden hervorgehoben. Die Pluralität an Bildungsangeboten in einer pluralen, globalisierten, beschleunigten und technisierten Welt wurde betont und damit auf räumliche sowie zeitliche Entgrenzungen von Bildung hingewiesen. In evangelischer Perspektive wurde daher eine soziale Dimension von Bildung unterstri-

---

[24] Kirchenamt der EKD (Hg.): Maße des Menschlichen. Evangelische Perspektiven zur Bildung in der Wissens- und Lerngesellschaft. Eine Denkschrift des Rates der Evangelischen Kirche in Deutschland, Gütersloh 2003.

chen, die neben dem Leistungsgedanken eine Partizipation aller Menschen an Bildung ermöglichen soll. Im Anschluss an die Figur des Menschen als Geschöpf und Ebenbild Gottes ist Bildung ein Vermögen des Individuums, ein Merkmal des Menschseins. Bildung verbindet sich mit Selbstständigkeit und verantwortungsbewusster Mündigkeit. Bildungshandeln soll daher Räume schaffen, um diese Verantwortung zu leben, das Mündig-Werden zu begleiten, einen eigenverantwortlichen Umgang mit Herausforderungen unserer Zeit zu bestärken und zu einem sozialen Miteinander beitragen. Bildung aus evangelischer Sicht trägt zum partiellen Erreichen von Maximen wie Frieden, Freiheit, Rechtsstaatlichkeit, Gerechtigkeit und Fürsorge gegenüber allen Menschen bei. Sie unterstützt Biografien von (jungen) Menschen, ermutigt zur Beteiligung an der Gestaltung der Gesellschaft und bezieht sich auf alle gesellschaftlichen Bildungsfelder.

Im Jahr 2009 wurde mit der Orientierungshilfe *Kirche und Bildung. Herausforderungen, Grundsätze und Perspektiven evangelischer Bildungsverantwortung und kirchlichen Bildungshandelns* im Anschluss eine grundlegende Klärung zum evangelischen Bildungsverständnis vorgelegt.[25] Aufgegriffen wurden die Veränderungen in Religion und Kirche selbst in ihrem gesellschaftlichen Gefüge: Evangelisches Bildungshandeln muss sich Herausforderungen neuer Kommunikationskulturen, dem demografischen Wandel, finanziellem Druck und sozialen Disparitäten stellen. Damit rückt die Frage, wie Partizipation an Bildung und durch Bildung erreicht werden kann, noch stärker in den Fokus. Es besteht zunehmend der Bedarf, kirchliches Bildungshandeln zu begründen: Bildung ist Motiv und Folge des Glaubens, in reformatorischer Tradition regelrecht Voraussetzung für Kirche und geht von der Bildungsbedürftigkeit und Bildungsfähigkeit des Menschen als Geschöpf und Ebenbild Gottes aus. Sie verbindet sich mit einer Weitergabe des Evangeliums zwischen Generationen und ist Ausdruck globaler Verantwortung, auch um Christ*innen im interreligiösen Dialog sprachfähig zu machen. Als Prinzipien für kirchliches Bildungshandeln wurde betont, Zugänge zum Evangelium zu eröffnen, Subjektorientierung (am Kinde) als Maßstab anzusehen, Verantwortung für nachfolgende Generationen zu tragen, sich für Bildungsgerechtigkeit einzusetzen und religiöse Bildung als Teil der Wertebildung insgesamt anzusehen. Um dies zu erreichen, sei unter anderem eine stärkere Vernetzung der einzelnen Bereiche kirchlicher Bildungsverantwortung erforderlich.

Beide Schriften bieten einen breiten Einblick in die Vielfalt der Gestaltungsformen und Begründungen evangelischer Bildungsarbeit. Sie deuten aber auch auf die vielfältigen Verwendungsweisen des Bildungsbegriffes hin, der nicht eindimensional zu fassen ist. Bildung ist eine Chiffre für mehrere Aspekte, auf die der Mensch als Individuum im gesellschaftlichen Gefüge angewiesen ist. Was Bildung, Bildungsverantwortung und

---

[25] Kirchenamt der EKD (Hg.): Kirche und Bildung. Herausforderungen, Grundsätze und Perspektiven evangelischer Bildungsverantwortung und kirchlichen Bildungshandelns. Eine Orientierungshilfe des Rates der Evangelischen Kirche in Deutschland (EKD), Gütersloh 2009.

Bildungshandeln in evangelischer Perspektive in den aufgemachten Szenarien und Praxisfeldern jeweils bedeuten kann, wird im Folgenden unter Rückgriff auf die von Dieter Lenzen skizzierten fünf Dimensionen des Bildungsbegriffes konturiert.

Bildung als individueller Bestand

Dieser Dimension zufolge weist eine gebildete Person infolge des individuellen Erwerbs von Bildung ein spezifisches kirchlich-religiöses Wissen auf. Fortwährend zu diskutieren ist, wie sich Bildungsinhalte begründen lassen und welche neuen Inhalte andere Themenfelder ablösen. Dies ist insbesondere vor dem Hintergrund der *religionsdemografischen Entwicklung* zu bedenken. So dürfte die Funktion eines Katechismus zur Teilhabe an der „Kirche als Gemeinschaft der Heiligen" tendenziell der Notwendigkeit weichen, sich mit Wissen zu befassen, das eine Handlungsfähigkeit in der zunehmend konfessionslosen Gesellschaft ermöglicht. Mit einer Evangelischen Kirche als Minderheiteninstitution verbindet sich zudem die Frage, wie (klassische) kirchliche *Bildungsinhalte* heute zum Gegenstand werden, welchen *Bildungsgehalt* sie also im Sinne einer allgemeinen Bildung haben und wie sie gerechtfertigt werden können. Hier kann von *materialer Bildung* gesprochen werden: Bildung bestimmt sich durch die individuelle Verfügbarkeit von Wissen und Kompetenzen. In einer Zeit ständig verfügbarer Wissensbestände steht infrage, welches Wissen beispielsweise von Konfirmand*innen oder Schüler*innen im Religionsunterricht memoriert werden soll und warum. Mit Blick auf die Überlieferung des christlichen Glaubens im Generationenverhältnis ist zu fragen, ob eine innerfamiliäre christliche Bildung etwa angesichts hoher Kirchenaustrittszahlen noch trägt und welche Ansprüche hier (noch) gestellt werden können. Die Forderung einer Bildung als individueller Bestand geht leicht einher mit dem Verständnis von „Kirche als Gemeinschaft der Heiligen", die auf das Tradieren eines gemeinsamen Wissensbestandes angewiesen ist, auf den gleichsam selbstverständlich zugegriffen werden kann. Dieser Bestand wird fraglich, wenn das klassische *Verhältnis von Staat und Religionsgemeinschaft* mittel- bis langfristig vermutlich stärker entkoppelt sein wird und damit auch Religionsunterricht als ordentliches Unterrichtsfach mit dem Anspruch, religiöse Bildung als individuellen Bestand zu organisieren, noch weiter hinterfragt werden wird.

In *Kindertagesstätten* kann diese Bildungsdimension einen Wandel von den Szenarios kirchlicher Orte sowie christlich-religiös geprägter Bildung für Kirchenmitglieder hin zu den Szenarien einer Kita-Trägerschaft als evangelisch profilierter Beteiligung an einem allgemeinen gesellschaftlichen Bildungsauftrag mit sozialräumlichem Fokus bedeuten. Der *Religionsunterricht würde sich weiterhin am Szenario einer Vollversorgung in ökumenischer und interreligiös geteilter Verantwortung orientieren, um einen kirchlich-religiösen individuellen Bestand von Bildung zu fördern. Evangelische Schulen* sind hier weniger prägender kirchlicher Ort für das Christsein, als Raum für individuelle Bildung in einem sozialraumorientierten Netzwerk christlicher Orte in einer ökumenischen Bildungslandschaft. Die *Konfi-Arbeit* ist mit Blick auf einen individuellen Bestand immer weniger Stabilitätsanker der (Volks-)Kirche oder gar „Kaderschmiede" *für wenige, als Kompensationsangebot für rückläufige religiöse Bildung in der Schule. Auch Jugendarbeit* leistet einen Beitrag zum Bildungsbestand, wenn sie sich nicht nur an einen „inner circle" wendet oder den Status quo fortführt, sondern ihre sozialräumlich orientierte Bildungsfunktion in der Zivilgesellschaft weiter wahrnimmt, gerade auch mit Schulbezug. Schließlich trägt *Erwachsenenbildung* zu einem solchen Bestand bei, wenn sie sich als Erprobungsraum für alle versteht und nicht auf ein enges christliches/religiöses Bildungsangebot allein zurückzieht.

Bildung als individuelles Vermögen

Eine Anfrage an das Anhäufen spezifischen Wissens (*materiale Bildung*) stellt sich aus Sicht einer *formalen Bildung*. Was trägt die Beschäftigung mit konkreten Inhalten kirchlicher Bildungsangebote zur *allgemeinen individuellen Entwicklung* bei? Welche Voraussetzungen benötigen Menschen, um sich selbstmotiviert Bildungsinhalte anzueignen und widerstandsfähig gegenüber zu einfachen Wahrheiten zu werden? Deutungsangebote werden pluraler und Antworten auf ethische Fragen vielfältig. Zunehmend schafft der *Staat in Abstimmung mit vielfältigen Religionsgemeinschaften* Bewertungsmaßstäbe. Wie können spezifisch kirchlich-religiöse Bildungsinhalte zu einem selbstbestimmten und glücklichen Leben beitragen? Verantwortliche für kirchliches Bildungshandeln sollten Teilnehmenden transparent machen, welche Ziele sie verfolgen und welcher allgemeine Ertrag sich mit der Teilnahme an kirchlichen Bildungsangeboten verbinden kann. Ein unkritischer Verweis auf Traditionen allein kann schon seit einem halben Jahrhundert nicht länger überzeugen. Die *Muster und die Reichweite der Interaktion von Kirche und Gesellschaft* sind nicht mehr flächendeckend, und der exemplarische Beitrag des kirchlichen Bildungsangebots zur Teilhabe an der Gesellschaft sollte deutlich werden. Angesichts der sexualisierten Gewalt auch im Kontext kirchlichen Bildungshandelns ist in evangelischer Tradition eine kritische Reflexion bestehender Verhältnisse immer neu einzufordern. Die Betonung von Bildung als individuellem Vermögen geht daher eher mit einem Verständnis von Kirche als „Kommunikation des Evangeliums" in die Gesellschaft einher, in der soziale Formate gelebten Christseins das Ergebnis individueller Beiträge sind.

Die *Kindertagesstätten würden zur Bildung als individuellem Vermögen im Sinne dieses öffentlichen Bildungsanspruches beitragen, indem sie sich sozialräumlich orientieren. Der Religionsunterricht würde sich weiterhin an einer Vollversorgung orientieren, ohne der Illusion anheimzufallen, dies langfristig auch gewährleisten zu können. Evangelische Schulen* verstünden sich dann als Teil eines sozialraumorientierten Netzwerkes christlicher Orte, die einen immer weniger flächigen explizit evangelischen

Religionsunterricht punktuell ergänzen. Auch die noch immer viele evangelische Jugendliche erreichende *Konfi-Arbeit* kann im Zusammenhang mit den anderen Praxisfeldern zum Aufbau von Bildung als individuellem Vermögen beitragen. Besondere Stärke in dieser Hinsicht weist die wenig formalisierte *Jugendarbeit* als Ort kultureller Bildung auf, in der sich Heranwachsende ausprobieren und entfalten können, wenn die Angebote sozialräumlich offen sind. Ähnliches leistet *Erwachsenenbildung* als Erprobungsraum.

Bildung als individueller Prozess

Bildungsprozesse sind dynamisch. Die Fähigkeit des Menschen, sich selbst zu bilden, hat keine biografischen Grenzen. Kirchliches Bildungshandeln ist nicht auf Kinder und Jugendliche begrenzt, sondern hat eine lebenslange Dimension. Die Angebote des kirchlichen Bildungshandelns müssen mit Blick auf Lebensläufe im Zusammenhang gedacht werden.[26] Dies beginnt bei der konkreten Abstimmung von Bildungsinhalten zwischen Feldern wie Religionsunterricht und Konfi-Arbeit. Es können auch komplexere Fragen, etwa zur Relevanz der Themen in der Arbeit mit Kindern und Jugendlichen für den späteren Lebenslauf aufgeworfen werden, z. B. mit Blick auf deren Gegenwarts- und Zukunftsbedeutung. Mehr noch verweist diese Dynamik auf einen ganzheitlichen Bildungsgedanken, wonach die Inhalte nur Motor für eine individuelle persönliche Entwicklung im Sinne einer Bildung als *Transformation* sind. Es ist also zu fragen, wie kirchliches Bildungshandeln die Übergänge im Lebenslauf begleitet und zur Bewältigung von Krisen beitragen kann. Diese Forderung geht über die Idee einer Bildung als Begleitung zur Mündigkeit hinaus, weil Lebensläufe immer wieder neu krisenhaft verlaufen können. So ist Bildung selbst an Transformationen festzumachen. Kirche als „Kommunikation des Evangeliums" im Sinne einer Assistenzfunktion unterstützt individuelle Bildungsprozesse und versteht sich zugleich als deren Ergebnis, das Menschen zur Gestaltung von Kirche inspiriert. Mit Blick auf das *innerkirchliche Bildungshandeln* ist eine Balance zwischen Möglichkeiten und Profilen vor Ort einerseits und der größeren allgemeinen Funktionslogik des sich Individuell-Bildens in diesen Strukturen andererseits zu suchen.

In *Kindertagesstätten würde dies erneut einen evangelisch profilierten Beitrag zum allgemeinen gesellschaftlichen Bildungsauftrag mit einem sozialräumlichen Fokus bedeuten. Ein innerkirchlicher Fokus allein wäre schwer anschlussfähig an das Bildungshandeln in Praxisfeldern wie dem Religionsunterricht*, die sich angesichts der gesellschaftlichen Entwicklungen zwangsläufig öffnen. Dessen Spezifikum ist im Vergleich der Praxisfelder die institutionalisierte Begleitung von Kindern und Jugendlichen

[26] Vgl. dazu EKD, Religiöse Bildungsbiografien gestalten (s. o. Anm. 1).

über viele Jahre hinweg. *Evangelische Schulen* bieten spezifische Entwicklungsmilieus, welchen inhärent ist, was der Religionsunterricht an Schulen allgemein nur punktuell leisten kann: eine evangelisch-religiöse Sozialisation in einem sozialraumorientierten Netzwerk. In dieses reicht zunehmend auch die *Konfi-Arbeit* hinein, weil im schulischen Ganztagsbetrieb exklusive Zeitfenster für eine kleiner werdende Anzahl von Schüler*innen, die sich konfirmieren lassen, schwer zu halten sind. Auch die *Jugendarbeit rückt sozialräumlich zunehmend mit der Schule zusammen und trifft z. B. bei der Gestaltung von Konfi-Camps auf die Konfi-Arbeit. In diesen Praxisfeldern können die Offenheit und das individuelle Interesse angelegt werden, später im Leben auch an Angeboten der Erwachsenenbildung* zu partizipieren.

Bildung als individuelle und kollektive Höherentwicklung

Im Sinne einer ursprünglichen Bedeutung des Bildungsbegriffes strebt der Mensch im Sinne der Gottebenbildlichkeit nach Höherem. Die Entwicklung des einzelnen Menschen trägt zur Entwicklung der Menschheit insgesamt (z. B. im Sinne einer gerechteren, friedfertigeren oder nachhaltigeren Welt) bei – beides also kann durch Bildung in evangelischer Tradition gefördert werden. Dieser Eigensinn der evangelischen Konfessionskirche zeigt im *Verhältnis zu anderen Konfessionskirchen bzw. Religionen* allerdings keine Exklusivität, sondern findet in anderen christlichen Kirchen, aber auch in anderen Religionen partielle Entsprechung und verweist auf Potenziale einer pluralistisch-kooperativen Ausrichtung kirchlichen Bildungshandelns. In die Kritik geraten ist eine orientierende Idee von Bildung, weil realgesellschaftliche Zustände die Hoffnung auf eine positive Gesamtentwicklung angesichts vielfacher Krisen als zu optimistisch erscheinen lassen. Die Freiheit des Einzelnen wird angezweifelt, und Machtstrukturen werden problematisiert, die auch sexualisierte Gewalt unter dem Dach der Kirche begünstigt haben. Verantwortliche sollten kritisch prüfen, inwieweit ihr Bildungsangebot zur Höherbildung beitragen soll. Denn gesamtgesellschaftliche Verantwortung, etwa für den Erhalt demokratischer Strukturen, schließt kirchliches Bildungshandeln mit ein. Der Anspruch kollektiver Höherentwicklung verbindet sich mit einer traditionellen Vorstellung von „Kirche als Gemeinschaft der Gläubigen", die ihre „wertvollen" Bildungsinhalte unhinterfragt tradiert und als Wissensbestände einfordert. Doch diese Höherentwicklung ist schon allein aufgrund der *religionsdemografischen Entwicklung* keine spezifische oder gar exklusive Leistung evangelischen Bildungshandelns, sondern ist als exemplarischer Beitrag zu einem gemeinschaftlich in der Gesellschaft zu erbringenden Bildungsangebot zu verstehen.

Im Durchgang durch die Praxisfelder kann die Sensibilität einer Bildung als Höherentwicklung kritisch geschärft werden: In *Kindertagesstätten würde diese eine Betonung der Exklusivität evangelischer Kitas als Ort für Kirchenmitglieder und evangelisch Verbundene bedeuten. Im Religionsunterricht* stünden entgegen dem Trend weniger ökumenische und interreligiöse Organisationsformen, als vielmehr die Fokussierung auf das Eigene im Mittelpunkt, samt der Anhäufung entsprechenden exklusiven Wissens. Auch wenn *evangelische Schulen* eine breite gesellschaftliche Klientel ansprechen, können sie je nach Schulart und Region auch exklusive Entwicklungsmilieus sein, die mit ihrer Rolle im Blick auf eine individuelle Höherbildung in einem kollektiven Praxisfeld kritisch-konstruktiv umgehen müssen, etwa im Verhältnis zu staatlichen Schulen vor Ort. In der *Konfi-Arbeit* ist die Zielgruppe noch homogener; sie richtet sich exklusiv an solche Jugendlichen, die sich gezielt auf die Konfirmation als kirchliches Fest vorbereiten. Im Gegensatz dazu ist die *Jugendarbeit* maximal offen und attrahiert auch solche Jugendlichen, die sonst wenig Bezug zur Kirche haben. Bildungsangebote in der *Erwachsenenbildung* sind so vielfältig, dass die Entscheidung für ein evangelisches Angebot eine Absichtsbekundung darstellen könnte, sich bewusst in diesem Milieu höher zu bilden.

Bildung als Aktivität bildender Institutionen oder Personen

Bildung vollzieht sich trotz ihrer individuellen Entwicklung im gesellschaftlichen Kontext. Dabei ist kirchliches Bildungshandeln immer nur *ein* solcher gesellschaftlicher Bildungsbereich. Kirche als Bildungsinstitution ist zumindest mit Blick auf ihre Finanzierung und damit auf die Quantität ihrer Maßnahmen selbst in einen merklichen Transformationsprozess geraten. Dabei wird ein grundlegendes Spannungsverhältnis von Bildung in Institutionen besonders deutlich: Einerseits ist Bildung ein individueller Prozess der Beschäftigung mit kulturellen Gütern – dieser aber soll sich zugleich angeleitet in dafür vorgesehenen Einrichtungen und unterstützt durch Dritte vollziehen. Bildung verstanden als Aktivität bildender Institutionen oder Personen fügt sich damit ein in ein Verständnis von „Kirche als Kommunikation des Evangeliums", in der die institutionellen Rahmenbedingungen ein Motor für die Entfaltung ihrer Mitglieder sind, die sich selbst bilden und bildend tätig werden. Zugleich kulminieren hier mehrere Szenarien, die Entscheidungen mit Blick auf mögliche Stellschrauben erfordern: Mit Blick auf den Religionsunterricht muss etwa das *Verhältnis von Staat und Religionsgemeinschaften* angesichts gemeinsamer Bildungsverantwortung kooperativ gestaltet werden. Die *Interaktion zwischen Kirche und Gesellschaft* wird dabei voraussichtlich immer weniger als flächendeckend und zunehmend als exemplarisch zu charakterisieren sein. In der *innerkirchlichen Handlungslogik müssen in vielen Fällen weiterhin Vor-Ort-Angebote mit je spezifischer Ausprägung geschaffen werden, die personell umsetzbar sind, während diese zunehmend einer allgemeinen Funktionslogik folgen müssen, um noch in der Fläche Wirkung erzielen zu können. Schließlich ist das Verhältnis des Eigensinns evangelischen Bildungshandelns im Kontext pluralistisch-kooperativer Bildungsanlässe zu deuten, was eine Positionsbestimmung der evangelischen Konfessionskirche* zu anderen Konfessionskirchen und Religionen in Bezug auf Bildungsfragen erfordert.

In *Kindertagesstätten* ist es stark vom Konzept abhängig, inwieweit Kinder eher in ihrer freien Entfaltung begleitet oder angeleitet werden. Der *Religionsunterricht* hat einen hoch formalisierten institutionellen Charakter als ordentliches Unterrichtsfach, der sich aber zunehmend Anfragen ausgesetzt sieht. Ein Spannungsverhältnis ergibt sich zwischen eigener Entfaltung und fremder Anleitung aufgrund der Schulpflicht. In *Evangelischen Schulen* erfolgt die Zuwendung zu einem evangelischen Bildungsangebot auch über den Religionsunterricht hinaus selbstbestimmt. Mehr noch trifft dies auf die *Konfi-Arbeit* zu, weil hier die Zielgruppe zum Zeitpunkt der Entscheidung älter ist. Eine formale Teilnahmeverpflichtung ist nicht gegeben – und selbst eine gefühlte (Selbst-) Verpflichtung ist als rückläufig einzuschätzen. Die *Jugendarbeit* hat weniger formalen Charakter, ist ein optionales Angebot. Intrinsische Motive sind für eine Teilnahme zentral. Angesichts der zwar institutionell gebundenen, aber freiwilligen kirchlichen Bildungs*angebote* besteht daher für eine eigenaktive individuelle kirchliche Bildung eine besondere Chance: Der Freiwilligkeitscharakter führt angesichts der gesellschaftlichen Wandlungsprozesse zwar zur quantitativen Abnahme der Teilnahme an kirchlichen Bildungsangeboten – dadurch erweisen sich diese aber als „echte" Angebote und somit als Möglichkeitsraum für individuelle Entfaltung. Damit gerät eine öffentlich bislang noch wenig beachtete ästhetische Dimension von Bildung in den Blick, wie sich an der *Erwachsenenbildung* zeigt: Die Entscheidung zur Teilnahme ist selbst eine bildende Aktivität.

Fazit aus bildungstheoretischer Perspektive

Für alle fünf Dimensionen von Bildung ist die Frage zentral, wie sich Menschen als Individuen kulturelle Güter aneignen und wie dieser dynamische Prozess auf die gemeinschaftliche Gestaltung der Gesellschaft durch Individuen (und auf die Kirche als soziale Formation) zurückwirkt. Gemeinsam ist allen Vorstellungen von Bildung daher die Thematisierung einer Subjekt-Welt-Relation. Gerade dank ihrer Vielfalt und Offenheit spielt „Bildung" eine Schlüsselrolle für vielfältige gegenwärtige und zukünftige Entwicklungen von Individuen und folglich auch der Gesellschaft als Ganzes. Bildung ist – recht verstanden – immun gegen zu einfache Wahrheiten und offen für immer neue (gesellschaftliche) Entwicklungen. Dies gilt es im Sinne des kirchlichen Bildungsauftrages durch Schaffung von Möglichkeitsräumen für individuelle Entwicklungen und Transformationen konstruktiv zu begleiten. So rücken im Bereich kirchlicher Bildungsverantwortung – noch mehr als bislang – das Bereitstellen von Entwicklungsräumen, die eigenaktive Entfaltung (mit dem Ziel der Identitätsbildung und Resilienzentwicklung) und die Ermutigung zur Mitgestaltung der demokratisch-freiheitlichen Gesellschaft als Bildungsprofil hervor. Damit entspricht Kirche in ihrem Bildungshandeln einerseits einem spezifischen evangelischen Bildungsprofil und trägt andererseits ihren Teil bei zu einem breit zu fassenden Bildungsangebot in Verbindung mit anderen Bildungsinstitutionen in Trägerschaft des Staates und anderen (Konfessions)kirchen und Religionen.

5.3 Szenarien im Kontext von Organisation

Wer immer Verantwortung trägt für die Gestaltung des kirchlichen Lebens im Ganzen, hat tagtäglich damit zu tun, Möglichkeitsspielräume zu erkunden und Entscheidungen durchzuspielen. Denn Organisationsgestaltung beruht wesentlich darauf, dass Menschen Entscheidungen treffen.

Kirchliches Handeln steht heute vor einer doppelten Entscheidungssituation: Menschen entscheiden, ob sie am kirchlichen Leben (durch Teilnahme oder Engagement) und an der Kirche (durch Mitgliedschaft) teilhaben wollen. Gleichzeitig müssen kirchliche Organisationen und Verantwortliche fortlaufend entscheiden, was angesichts begrenzter Mittel getan werden kann. Die Kernfrage lautet: Wie gestalten wir kirchliches Leben so, dass Menschen sich dafür entscheiden, in Kontakt zu bleiben?

Diese Situation ist modernitätstypisch: Anders als in früheren Zeiten sehen wir die Welt heute als gestaltbaren Raum. Diese Gestaltungsmöglichkeit wird in Krisenzeiten oft zur Last. Die in Kapitel 4 beschriebenen Szenarien zeigen: Es gibt meist, zumindest im Vorhinein, keine eindeutig „richtige" Entscheidung. Verschiedene Felder und Dimensionen kirchlichen Handelns – etwa die Spannung zwischen Innen- und Außenorientierung – stehen zueinander in Konkurrenz oder versuchen, sich in neuer Weise zueinander ins Verhältnis zu setzen. Von ihnen wird erwartet, selbst einen Beitrag zur organisationalen Anpassung und Weiterentwicklung der Kirche zu leisten.

Entscheiden als Schlüssel zur Gestaltung von Organisation

Szenarien unterstützen bei der Vorbereitung von Entscheidungen. Je folgenreicher eine Entscheidung erscheint, desto schwerer fällt sie. In kirchlichen Organisationen kommt hinzu, dass Kirche mehr ist als eine Organisation – ihr Geschick lässt sich nicht vollständig durch Entscheidungen steuern. Daher ist nicht immer klar, was überhaupt entschieden werden kann und soll.

> Können einzelne Menschen bezüglich ihres Lebens oft weniger entscheiden, als sie meinen, gilt für Organisationen eher das Gegenteil: Ihre Stabilität und Trägheit lässt zuweilen vermuten, sie könnten durch Entscheidungen kaum verändert werden. Szenarien zeigen allerdings keine konkret anzustrebenden Zukunftsbilder, sondern eröffnen Möglichkeitsräume. Sie verdeutlichen, was mit welchen Folgen entschieden werden kann. So tragen sie zur Handlungsfähigkeit bei: Wer die Grenzen des eigenen Entscheidens kennt, kann besser entscheiden als jemand, der den eigenen Entscheidungsspielraum über- oder unterschätzt.

Entscheidungen sind vor allem von zwei Herausforderungen geprägt: Sie erfordern Nachvollziehbarkeit und finden in so komplexen Situationen statt, dass sie nicht vollständig überblickt, geschweige denn „berechnet" werden können. Szenarien betten

Entscheidungen in Zusammenhänge ein und zeigen wahrscheinliche Konsequenzen. So tragen sie zur Steigerung von Rationalität und zur Reduktion von Komplexität bei.

> Wer sich in einer Entscheidungssituation befindet, weiß: Ich habe mehrere Wahlmöglichkeiten. Szenarien machen Entscheidungen handhabbarer und bieten praktisch nutzbares Wissen. Es wäre aber unseriös, sie als Reparaturanleitung oder Rezeptbuch zu verstehen. Sie orientieren vielmehr in einem unübersichtlichen Feld mit ungewisser Entwicklung. Immer bleibt ein „nicht-kalkulierbarer Rest“, mit dem man umgehen muss. Rational zu handeln, gilt als Maßstab für „gutes“ Entscheiden. Dies bleibt allerdings mehrdeutig: Ziele und Mittel können unterschiedlich gewichtet werden, ebenso wie die Bedeutung der Situation, der Mitgliederorientierung, der Einschätzung der Ressourcenlage oder der Gewichtung des kirchlichen Auftrags.

Der Auftrag der Kirche kommt in Organisationen als Zweckorientierung zur Sprache. Wer an Entscheidungen mitwirkt, will meist einen spezifischen Zweck verwirklichen. Diese Absicht trifft jedoch auf Widerstände: „Wer einen Zweck in die Welt setzt, muss dann mit dem Zweck gegen die Welt spielen – und das kann nicht gut gehen, oder jedenfalls nicht so, wie er denkt“ (Niklas Luhmann). So wird verständlich, warum eine Entscheidung als umso „besser“ gilt, je mehr berechtigte Einwände sie überzeugend entkräften kann. Dies zeigt: Das Auftreten von Widerständen ist der Normalfall bei Entscheidungen.

In einer gesamtgesellschaftlichen Situation, in der sich Rahmenbedingungen oft schneller ändern als Organisationen reagieren können, ist neben der Ergebnisqualität auch Prozessqualität wichtig: Eine geprüfte und durchdachte Praxisroutine des Entscheidens garantiert zwar kein optimales Ergebnis, macht es aber wahrscheinlicher. Diesem Anliegen dient dieser Text im Ganzen.

Diagnosen als Grundlage des Entscheidens

Entscheidungssituationen erfordern – vor einer Formulierung von Kriterien und vor der Suche nach Alternativen und ihrer Bewertung – eine Diagnose. Im Bereich von Bildungsverantwortung und Kirchenentwicklung spielen dabei Veränderungen im Bildungssystem ebenso eine Rolle wie die Diversität kirchlichen Lebens in den evangelischen Kirchen, die normativ und praktisch wirksam sind. Einschätzungen zu Rahmenbedingungen und Trends spielen eine wichtige Rolle: Wie bewerten Beteiligte etwa die Entwicklung von Institutionen hin zu Netzwerken? Welchen Einfluss hat zunehmende Konfessionslosigkeit? Welche Bedeutung haben Digitalisierung und Künstliche Intelligenz für kirchliches Bildungshandeln?

Entscheidungen geschehen immer im Modus von Abwägung: Wer Entscheidungen trifft, hat mindestens zwei Alternativen, bei denen nicht von vornherein klar ist, welche die bessere ist. Daher steht ein Szenario nie für sich allein. Es gibt immer Einflussfaktoren, bei denen offen ist, wie sie sich zukünftig verhalten werden. Zudem entstehen Alternativen dadurch, dass verschiedene Beteiligte die Bedeutung von Einflussfaktoren unterschiedlich einschätzen.

> So wird beispielsweise jede Neujustierung des Verhältnisses von Staat und Kirche Auswirkungen darauf haben, welche Rolle kirchliche Akteure im öffentlichen Bildungshandeln haben können. Doch wie relevant ist dies im jeweiligen Bereich? Entscheidungen helfen, Unsicherheiten in eine Form von Risikoabwägung zu überführen. Verantwortungsträger*innen mit einer weitreichenden Entscheidungsspanne haben zudem ein Interesse daran, dass Entscheidungen in verschiedenen Handlungsbereichen einigermaßen zusammenpassen, damit nach außen glaubwürdig vermittelt werden kann, „wofür Kirche insgesamt steht".

Auch wenn Menschen theoretisch in jeder Situation Wahlmöglichkeiten haben, machen sie davon nur dann bewusst Gebrauch, wenn für sie wirklich fraglich ist, was die bessere Entscheidung gewesen sein wird. Die meisten Handlungen sind in soziale Erwartungen, Gewohnheiten und Routinen eingebettet. Es lässt sich erahnen, wie stark Erschütterungen sein müssen, damit strukturell recht stabile Systeme wie Organisationen beschließen, etwas anders zu machen als so, wie es bisher gut funktioniert hat. Neben dem Anliegen, kirchliche Strukturen auftragsgemäß anzupassen, steht heute ein zunehmender Ressourcendruck, der Veränderungen erzwingt.

Die Entscheidungssituation erscheint „groß", und Abwägen braucht Zeit – besonders, wenn viele Personen beteiligt sind. Szenarien bieten Unterstützung, indem sie eine Situationsanalyse und eine Darstellung wichtiger Einflussfaktoren bereitstellen. Dies bleibt so kein Herrschaftswissen derjenigen, die hinreichend Kapazitäten haben, ein so weites Feld zu überblicken. Auf diese Weise erleichtern Szenarien es, auch Menschen an Entscheidungen zu beteiligen, die „nicht so in der Materie sind" und den Prozess mit ungewohnten und neuen Blickwinkeln bereichern können.

> Diese Zugänglichkeit für ungewohnte Perspektiven ist besonders wichtig, weil Entscheidungshandeln immer auch von Verzerrungen betroffen ist: So neigen Menschen etwa dazu, der Einschätzung formal höherstehender Personen leicht zu folgen, sie brechen Neues zu früh ab oder hinterfragen vormalige Fehleinschätzungen zu selten. Zudem berücksichtigen sie die Folgen des eigenen Handelns zu wenig oder schreiben Erfolge zu leicht dem eigenen Handeln zu. Wenn das Handeln anderer Organisationen als Vorbild dient, richtet sich der Blick oft auf „große", aber riskante Veränderungen – während verlässliche Verbesserungen im Kleinen zu kurz kommen. Dagegen hilft es, mehrere Interpretationen einer Situation zuzulassen. Bei aller Beschreibung des Möglichen bleibt jedoch eine grundsätzliche Unsicherheit immer erhalten. Die Arbeit mit Szenarien kann dies nicht aufheben, aber strukturieren und den Aufwand für die Situationsanalyse verringern.

Diese Überlegungen sind vor allem dann relevant, wenn neben begrenztem Wissen über eine Situation auch die Ziele des Handlungsfeldes unklar oder umstritten sind und die Beteiligten wechseln. Entscheidungen fallen leichter, wenn Lösungen für lokale Reichweiten angestrebt werden statt einer Einheitslösung für viele verschiedene Kontexte. Zudem besteht die Möglichkeit, das Anspruchsniveau anzupassen oder das Ziel in Teilziele aufzuteilen. Schließlich hilft auch eine gewisse Überkapazität an Ressourcen (*organizational slack*), damit Entscheidungen eher getroffen werden können – es sind schlicht Kapazitäten vorhanden, um Alternativen abzuwägen.

Differenzieren der Entscheidungssituation

Die Komplexität einer Entscheidungslage lässt sich unterscheiden in eine Sach-, eine Sozial- und eine Zeitdimension. Entscheidungssituationen sind auch dadurch gekennzeichnet, welche dieser Dimensionen besonders hervortritt.

In *sachlicher* Hinsicht geht es um die Beschreibung, wie ein Thema beschaffen ist, welche Ursachen die gegenwärtige Situation hat und welche Handlungsspielräume grundsätzlich bestehen. Sowohl zu wenig als auch zu viele Informationen können zum Problem werden. Die Erzeugung einer „mittleren Durchdringungstiefe" kann in besonderer Weise dazu beitragen, dass Entscheidungen getroffen werden können, statt zwischen einem „Noch-Nicht" der Entscheidung und einer faktischen Unfähigkeit dazu zu verharren. Eine falsche Skalierung von Informationen kann sich in Organisationen nie ganz von dem Verdacht frei machen, dass andere Akteur*innen genau daran ein gezieltes Interesse haben könnten. Schließlich kann eine komplexe Sachlage auch schlicht unerkannt bleiben: Man nimmt eine Angelegenheit zu leicht oder erkennt den Entscheidungsbedarf nicht.

Die *soziale* Dimension des Entscheidens macht deutlich, dass weder Einzelne noch Organisationen für sich allein entscheiden: Immer sind sie von anderen umgeben, die ebenfalls Entscheidungen treffen. Entscheidungen beeinflussen sich gegenseitig.

> Handelnde sind auf das Vertrauen anderer angewiesen: dass sie verlässlich zu ihren Einschätzungen und Zusagen stehen, dass sie aufrichtig verhandeln etc. Unsicherheiten in Entscheidungssituationen sind ein wichtiger Faktor bei der Abwägung verschiedener Szenarien: Wie risikobereit darf eine Wahl ausfallen, was darf sie keinesfalls gefährden? Szenarien können auch dazu dienen, die Konfliktarenen des Entscheidens zu pazifizieren. Denn oft zeigt sich erst während des Entscheidungsprozesses, was als akzeptabel gilt, wofür sich Unterstützung findet, wo unvereinbare Interessenkonflikte verborgen sind.

Je nachdem, wie viel für wen auf dem Spiel steht, wird sich die Intensität der Interaktion verschiedener Beteiligter zwischen distanzierter Beobachtung und intensivem Verhandeln verändern. Sich im Feld verschiedener Szenarien mit dem Ziel einer Entscheidung zu bewegen, wird als umso herausfordernder empfunden, je knapper die verfügbare *Zeit* und je größer der avisierte Zeithorizont sind. Oft gibt es auch keine geteilte Auffassung darüber, wie viel Zeit tatsächlich zur Verfügung steht. Verbreitet ist zudem die Vorstellung, dass Entscheidungen besser würden, wenn mehr Zeit verfügbar wäre.

Auch die Knappheit anderer Ressourcen wirkt sich auf Entscheidungsprozesse aus: Ressourcen können helfen, Blockaden in verfahrenen Situationen zu lösen, weil man etwas zur Hand hat, womit man zwischen Konfliktparteien „handeln“ kann. Man kann mittels Ressourcen die Informationslage verbessern, sich Irrtümer leisten und Alternativen erproben. Oft zeigte sich jedoch in der Vergangenheit auch, dass eine auskömmliche Verfügbarkeit von Zeit und anderen Ressourcen dazu führte, dass Entscheidungsprozesse nicht angegangen wurden. Ressourcenknappheit kann ein Treiber für Entscheidungsprozesse sein, in denen Szenarien eher als Unterbrechungen und Verlangsamungen wahrgenommen werden.

Szenarien als Teil von Planungshandeln

In aktuellen Diskursen darüber, wie die Bildungsarbeit im kirchlichen Handeln zu gestalten ist, haben vor allem die soziale und die zeitliche Perspektive auf Sachverhalte eine hohe Prägekraft: In Aushandlungsprozessen werden immer wieder Prioritäts- und Identitätsfragen aufgeworfen, und angesichts der stark veränderten Rahmenbedingungen übt vor allem die zeitliche Dimension starken Druck auf Entscheidungsträger*innen aus.

All dies zeigt: Entscheiden kann man lernen und verbessern. Trotzdem wird das Entscheiden selbst selten betrachtet. Ein Grund dafür könnte sein, dass die meisten Entscheidungen schrittweise und ohne große Planung getroffen werden. Rationales oder geplantes Entscheiden ist eher die Ausnahme. Herausforderungen werden meist erst angegangen, wenn es unvermeidlich ist.

> Meist wird nichts zu einem Entscheidungsproblem gemacht, das auch anders bearbeitet werden kann. Diese Haltung basiert etwa auf der Erfahrung, dass manche Problemlagen vorübergehend sind – fallen ihre Voraussetzungen weg, erledigen sich auch die Aufgaben. Verständlich ist ein solches Vorgehen auch, wenn eine Person oder Organisation so viele offene Herausforderungen gleichzeitig bewältigen muss, dass manche zurückgestellt werden müssen. Oft lässt sich im Nachhinein sagen: Hätten wir diese Herausforderung früher bearbeitet, wäre das Ergebnis besser gewesen. Doch in der unmittelbaren Situation stellte sich die Lage anders dar.

Bei inkrementalistischem Entscheidungsverhalten ist es unwahrscheinlich, dass Situationen vorausschauend in den Blick genommen und bearbeitet werden – also so, dass bestimmte unerwünschte Entwicklungen gar nicht erst eintreten. Hohe Dringlichkeit führt dann dazu, dass meist das bearbeitet wird, was am meisten drängt. Dafür sind vereinfachte Herangehensweisen hilfreich, die von außen betrachtet spontan oder gar zufällig wirken können.

Der vorliegende Text legt eine *Meta-Entscheidung* nahe: *Er will dazu motivieren,* in einer spezifischen Weise mit Entscheidungen umzugehen, d.h. dazu, *sich zu ent-*

scheiden, wie man entscheiden will – durch ein reflektiertes Abwägen von Möglichkeitsräumen all derer, die dazu herausgefordert sind, in komplexen Situationen Entscheidungen zu treffen. Eine Möglichkeit besteht etwa darin, nur die Alternativen zu erwägen, die voraussichtlich wenig Widerstand hervorrufen – denn Widerstände zu bearbeiten kostet Zeit und Energie. So ist verständlich, dass man oft die erste gangbare Lösung wählt („satisficing"). Daraus kann sich ergeben, dass das Thema bald wieder bearbeitet werden muss, weil die erste Entscheidung sich als nicht angemessen erweist.

Mit einem demgegenüber größeren Rationalitätsversprechen geht „Planung" einher. Planung gilt seit dem 18. Jahrhundert als positiv bewertetes Vorgehen. Für die westliche Moderne lässt sich über Jahrzehnte sogar ein Primat eines „Planungsimperativs" feststellen – mit einem Höhepunkt in den 1960er-Jahren. Planungshandeln verspricht, Herausforderungen vorausschauend anzugehen. Angesichts sich rasch wandelnder gesellschaftlicher Verhältnisse will Planungshandeln die Verhältnisse selbst zum Gegenstand von Entscheidung machen.

> Ohne diesem Optimismus vollständig zuzustimmen, zeigen sich doch Vorteile des Planungshandelns: Es steht mehr Zeit zur Verfügung, um komplexe Sachverhalte zu verarbeiten und Interessen auszugleichen. Planungshandeln hat zudem das schrittweise, inkrementalistische Vorgehen als „Rückfalloption", falls planerisches Handeln an Grenzen stößt.

Die Szenarienbildung erscheint im planerischen Handeln als aktive Sondierung: Sie ermöglicht eine Erkundungsphase unter Einbeziehung unterschiedlicher Informationsquellen und Blickwinkel. Schwerpunkte und Weichenstellungen können – auch mit weiteren Beteiligten – gesetzt und getroffen werden. Dabei können auch „neue Wege" beschritten werden, also Verfahren oder Formate, die bisher nicht üblich waren. Geplante Entscheidungen setzen voraus, dass Zeit für die beschriebenen Verfahren vorhanden ist. Strategisch bedeutet das meist, dass viele Themen schrittweise bearbeitet werden, um genug Freiraum für Planungshandeln zu haben. Immer ist es eine Herausforderung, zu klären, welche Fragestellungen so weitreichend sind, dass sie gründlich durchdacht werden sollten.

> Wenn planerisches Handeln zwar ernsthaft versucht wurde, aber nicht erfolgreich war, besteht immer noch die Möglichkeit, schrittweise vorzugehen. Neben diesen beiden – akzeptierten – Formen des Entscheidens gibt es in der Praxis auch das bloße Bewältigen: Entscheidungspersonen, die ratlos sind, aber handeln müssen, gehen mit Komplexität nichtrational um. Es entstehen Rationalitätsfassaden, indem Menschen oder Organisationen sich auf einen Abwägungsprozess beziehen, der faktisch gar nicht stattgefunden hat. All dies wirkt komplexitätsreduzierend: Es rechtfertigt das eigene Verhalten und mindert Unsicherheit, weil man ein klares Bild einer Sache gibt, ohne dass dies durch ausreichende Informationen hinterlegt ist. Zudem spart man Zeit, weil man sich Recherchen und Abwägungsprozesse erspart.

Was auch noch geschieht: Umsteuern, Einrahmen, Verzichten(müssen)

Denkbar ist, während des Entscheidungsprozesses – also etwa bei der Bearbeitung von Szenarien – umzusteuern. Dazu kann gehören, die Ansprüche an die Entscheidungsfindung zu senken, wenn sie zu unübersichtlich wird. Auch Erfahrungswissen kann helfen, die Komplexität zu verringern. Darüber hinaus können verschiedene Themen in einem Entscheidungsprozess verbunden werden.

All diese Prozesse finden im Rahmen von Regelstrukturen statt. Dies sind Regeln, die das Entscheiden einerseits beachten muss, die aber andererseits selbst Gegenstand von Entscheidung werden können. Neben den Regeln der Organisation stehen diejenigen von kooperierenden Einrichtungen, die Normen des staatlichen Rechts sowie allgemeine Umgangsregeln. Dies wirkt sich unmittelbar auf die Bandbreite möglicher Szenarien aus.

Zum Wesen von Entscheidungen gehört auch, dass es Situationen grundlegender Ratlosigkeit gibt, in denen nicht entschieden wird: Gründe dafür können grundlegendes Unwissen, fehlende Einigkeit über Kriterien für „gute" Entscheidungen oder gegenseitige Blockaden von Entscheidungspersonen sein. Außerdem ist vorstellbar, dass zwar akzeptable Lösungen gefunden werden, aber kein tragbarer Weg dorthin.

Schluss

All dies zeigt: Die organisationale Gestalt von Kirche ist ein Gebilde, in dem kirchliche Arbeit durch menschliche Entscheidungen konturiert wird. Es ist deutlich geworden, dass es Gründe dafür gibt, weshalb dieses Entscheidungshandeln gegenwärtig besonders sichtbar wird. Diese Sichtbarkeit eröffnet die Gelegenheit zu einer strukturierten Bearbeitung des Entscheidens. Unter den Bedingungen von Unsicherheit, Komplexität und Beschleunigung können Szenarien dabei unterstützen, rationale und auftragsangemessene Entscheidungen wahrscheinlich zu machen.

6. Zum Abschluss – Anregungen zum Gebrauch des Textes

Die vorausgehenden Kapitel dieses Textes wollen eine fundierte Entscheidungsfindung vorbereiten und zu konkreten Umsetzungen anregen und befähigen (Einleitung). Dazu wurde zunächst der dringliche Handlungsbedarf entfaltet (Kapitel 2). Die multiplen Krisen und notwendigen Transformationen erfordern gründlich reflektierte Entscheidungen, weil weder das Beharren auf dem Status quo noch Resignation weiterhelfen. Darum werden angesichts perspektivischer Unsicherheit die *Rahmenbedingungen* erläutert und die *Herausforderungen* benannt, die die Grundlage für alles Nachdenken über den Zusammenhang von Kirche und Bildung darstellen. Hier ist zu bedenken, dass es Bedingungen und Herausforderungen gibt, die für alle Kirchen in gleicher Weise gelten (zunehmende kulturelle Pluralität/Heterogenität, Fachkräftemangel, Ressourcenrückgang, erhöhter Bildungsbedarf u. a.m.). Daneben gibt es massive Veränderungen, von denen vor allem die Kirchen betroffen sind (etwa Relevanzverlust und Ressourcenrückgang). Schließlich muss bedacht werden, dass in den unterschiedlichen Bundesländern für manche kirchliche Praxisfelder *unterschiedliche Rahmenbedingungen* bestehen, wenn Kirche und Staat im jeweiligen Bereich miteinander kooperieren (z. B. Religionsunterricht) oder wenn Kirche subsidiär tätig ist (z. B. Evangelische Tageseinrichtungen für Kinder).

In Kapitel 3 wird daher ein Denken in Szenarien empfohlen und begründet. Das bedeutet nun nicht, dass schlicht ein Szenario auszuwählen ist, das einer Person aus verschiedenen Gründen besonders zusagt. Vielmehr ist – etwa anhand der „Schieberegler“ – zu prüfen, welche Grundentscheidungen man selbst bzw. ein Gremium mit guten Gründen präferiert. Aus diesen Grundentscheidungen ergeben sich Szenarien, bei denen es Chancen und Grenzen abzuwägen gilt und aus denen zunächst Handlungsstrategien und dann Umsetzungsschritte folgen. Diese Vorgehensweise wird in Kapitel 3 beschrieben. Für die praktische Arbeit ist hier insbesondere das dort entwickelte Schaubild hilfreich. Weder ergibt sich allerdings aus den getroffenen Grundentscheidungen mit Notwendigkeit ein bestimmtes Szenario, noch folgen aus einem gewählten Szenario zwingend Handlungsstrategien und Umsetzungsschritte. Hier sind jeweils kriteriengeleitet, transparent und partizipativ Entscheidungen zu treffen, da es mehrere Entscheidungsmöglichkeiten und unterschiedliche Reaktionsvarianten gibt, die von den jeweils Handelnden zu verantworten sind. Das wird anhand von vier möglichen Typen exemplarisch entfaltet. Diese basieren jeweils auf unterschiedlichen Grundentscheidungen und haben deshalb auch unterschiedliche Handlungsstrategien und Umsetzungsschritte zur Folge. Kapitel 4 entfaltet dann *jeweils unterschiedliche Szenarien* für insgesamt sechs Praxisfelder.

Diese Vielfalt der Entscheidungsmöglichkeiten und -erfordernisse mag zunächst verwirren. Sie löst sich aber auf, wenn deutlich wird, dass bestimmte Entscheidungen ganz bestimmte Schlussfolgerungen nach sich ziehen. Oder anders gesagt: Die Szenarien sind keine Optionen, die beliebig miteinander kombinierbar wären.

Deutlich ist schon jetzt: Zukünftig wird die Kirche noch weniger als bislang mit ihren Bildungsaktivitäten alles Denkbare leisten können, sondern muss gezielte Richtungsentscheidungen treffen.

Entscheidet man sich also beispielsweise für ein bestimmtes Verständnis von Kirche (eine der Grundentscheidungen), so folgen daraus weitere Grundentscheidungen, und es korrespondieren dem auch bestimmte Szenarien in den sechs Praxisfeldern. Andere Szenarien sind damit wiederum ausgeschlossen.

Um diese Zusammenhänge angemessen zu verdeutlichen, wird daher am Anfang der Erläuterung eines jeden Szenarios entfaltet, welche Grundentscheidungen die Voraussetzung für das dann folgende Szenario darstellen.

6.1 Individuelles Nachdenken über anstehende Entscheidungen

Für die *individuelle* Arbeit mit dieser Publikation empfehlen wir die folgende Vorgehensweise, damit Sie die im Text enthaltenen allgemeinen Beschreibungen jeweils auf die konkrete Situation in Ihrem Zuständigkeitsbereich beziehen:

1. Bitte prüfen Sie zunächst für das Handlungsfeld, über das Sie nachdenken, die Setzung der Schieberegler. Die Schieberegler beschreiben dabei zum einen die vorfindliche Situation, also beispielsweise welches Staat-Kirche-Verhältnis für die Zukunft dieses Bereichs als realistisch gilt. Zum anderen stehen die Schieberegler aber auch für wählbare Optionen, die eine Entscheidung erfordern. So lässt sich beispielsweise für das Selbstverständnis der Kirche eine Grundentscheidung treffen, ob sie eher nach außen gewandt oder nach innen orientiert arbeiten soll. Prüfen Sie: Sind Ihre Rahmenbedingungen, Herausforderungen und Grundorientierungen sachgemäß und hinreichend berücksichtigt? Konkretisieren Sie diese für Ihren Kontext.

2. Ergänzen Sie gegebenenfalls weitere Rahmenbedingungen, Herausforderungen und Grundorientierungen, damit Sie später überprüfen können, ob das gewählte Szenario Ihrer Situation hinreichend Rechnung trägt. Damit haben Sie nun wichtige Einflussfaktoren ausgewählt und zentrale Entscheidungen getroffen, die die Grundlage dafür bilden, die vorgestellten Szenarien in den einzelnen Praxisfeldern zu beurteilen.

3. Entscheiden Sie sich sodann für ein Szenario und damit auch für Ihr Verständnis von Bildung in diesem konkreten Praxisfeld. Wägen Sie dabei Chancen und Grenzen sorgfältig für Ihren Kontext ab.

4. Spielen Sie nun verschiedene Handlungsstrategien für das gewählte Szenario durch. Für welches Szenario entscheiden Sie sich in diesem Praxisfeld? Auch wenn Sie Verantwortung für lediglich ein spezifisches Praxisfeld (beispielsweise die Kita-Arbeit) tragen, ist der nächste Schritt bedeutsam.

5. Für welche Handlungsstrategien entscheiden Sie sich mit welchen Gründen? Formulieren Sie die Handlungsstrategien und folgern Sie daraus die ersten/nächsten Umsetzungsschritte. Was ist als erstes zu tun? Welche Schritte müssen danach erfolgen?

6. Wechseln Sie nun zum nächsten Praxisfeld!

    6.1. Welches Szenario überzeugt Sie hier? Warum? Passt diese Entscheidung zur Entscheidung im ersten Praxisfeld? Sollte dies der Fall sein, können Sie zum dritten Praxisfeld übergehen.

    6.2. Entdecken Sie hingegen Spannungen, dann prüfen Sie, woran das liegt. Präferieren Sie nun doch ein anderes Szenario, weil Sie andere Grundentscheidungen treffen müssen, nachdem Sie festgestellt haben, zu welchen Szenarien Sie Ihre Grundentscheidungen führen? Oder haben Sie nicht konsequent die Schlussfolgerungen von Ihren Grundentscheidungen ausgehend hin zu den daraus folgenden Szenarien in einem der Praxisfelder gezogen?

    6.3. Selbstverständlich ist es denkbar und sinnvoll, bei Bedarf auch ein eigenes Szenario zu entwickeln. Folgen Sie dann der hier präsentierten Logik, stellen Sie also Schieberegler ein, beschreiben Sie das Szenario und erörtern Sie Chancen und Grenzen.

Die Logik, die hinter allem steht, lautet: Wer A sagt, muss auch B sagen.

Es mag sein, dass Sie sich dann doch lieber nicht für A entscheiden, oder es kann sein, dass Sie aus Versehen C und nicht B geschlussfolgert haben.

7. Um sicherzustellen, dass Ihnen keine Fehler unterlaufen, ist es hilfreich, Ihre Überlegungen mit anderen zu teilen. Hilfreich ist dabei durchaus auch das Gespräch mit Personen, die von anderen Grundüberzeugungen und anderen Grundentscheidungen her denken.

Die einzelnen Schritte werden im Folgenden am Beispiel „Das Praxisfeld Evangelische Tageseinrichtungen für Kinder aus der Perspektive von Leitungspersonen für eine Landeskirche oder eine Region" nachvollzogen:

1. Die Schieberegler: Rahmenbedingungen, Herausforderungen, Grundentscheidungen

In Hessen arbeiten Land und Kommunen einerseits, die evangelischen Kirchen und katholischen Bistümer andererseits in diesem Praxisfeld eng zusammen (kooperativ). Die Kirchen und Bistümer wollen weiterhin möglichst viele evangelische und katholische Kitas betreiben (eher flächendeckend). Sie sollen weit verbreitet vor Ort zur Verfügung stehen (Vor-Ort-Logik). Praktiziert werden Abstimmungen zwischen Kirchen und Bistümern, vereinzelt gibt es auch schon Kitas in ökumenischer Trägerschaft (ökumenisch).
Allerdings gehen die finanziellen Ressourcen zunehmend zurück, und der Fachkraftmangel wird immer drückender. Gleichwohl sollen weiterhin möglichst viele Kitas mit evangelischem bzw. katholischem Profil zur Verfügung stehen.

2. Ergänzungen

Keine.

3. Szenarien

Die evangelischen Kirchen und katholischen Bistümer wollen sich weiterhin durch Kita-Trägerschaft mit einem deutlich erkennbaren Profil (subsidiär) am allgemeinen gesellschaftlichen Bildungsauftrag im Elementarbereich beteiligen. Sie sehen hier die Chance, Kinder in dieser frühen Phase zu prägen und die Kitas auch als Kontaktflächen zu den Familien zu nutzen, indem sie ein profiliertes Bildungsangebot (alltagsintegrierte Religionspädagogik) unterbreiten. Gleichzeitig besteht allerdings das Risiko, dieses breite Angebot aus finanziellen Gründen sowie aus Gründen des Fachkräftemangels nicht mehr wie bisher aufrechterhalten zu können.

4. Handlungsstrategien

Mindestens zwei Strategien sind unumgänglich. Zum einen muss der Fachkräftemangel noch deutlicher angegangen werden, denn die empirischen Ergebnisse machen deutlich, dass in den nächsten zehn Jahren ca. 20 bis 25 % der pädagogisch Mitarbeitenden (wegen Renteneintritt) ersetzt werden müssen, wenn an der gleichen Zahl der Kitas festgehalten wird. Zum anderen muss die staatliche Finanzierung deutlich und nachhaltig erhöht werden, weil die kirchlichen finanziellen Ressourcen weiterhin zurückgehen werden.
Ein dritte Handlungsstrategie wäre, deutlich mehr Kitas in ökumenische Trägerschaft zu übernehmen.

5. Umsetzungsschritte

Es müssen dringend Maßnahmen zur Fachkräftegewinnung ergriffen werden. Diese müssen im Vorfeld diskutiert, ausgelotet und miteinander abgestimmt werden.
Durch Verhandlungen mit dem Land und auch mit den Kommunen muss die finanzielle Beteiligung deutlich erhöht werden. Da die Zahlen vor Ort bekannt sind, ist auch deutlich, in welche Richtung zu verhandeln ist.
Schließlich muss ausgelotet werden, ob und wo eine ökumenische Trägerschaft in Frage kommt.

Lassen sich wichtige Teilschritte gar nicht oder nicht in dem nötigen Umfang realisieren, müssen andere Handlungsstrategien angegangen oder ggf. ein anderes (realisierbares) Szenario gewählt werden.

Damit wird auch hier deutlich, dass ein Entscheidungsprozess in einem Praxisfeld ggf. erneut durchlaufen werden muss, weil sich das gewählte Szenario als nicht umsetzbar erweist. Es sollte insofern mit eingeplant werden, dass Entscheidungsprozesse auch iterative Szenarienbearbeitungen miteinschließen können, wie dies etwa auch in agilen Organisationsstrukturen regelhaft üblich und vorgesehen ist.

6.2 Arbeit in Gremien an anstehenden Entscheidungen

Die Zukunftsentscheidungen über Bildungsaktivitäten und Bildungseinrichtungen im Raum der evangelischen Kirche werden in der Regel in Gremien getroffen. Je nach Praxisfeld können das die Ebenen der Kirchengemeinde, der Region, eines Kirchenkreises, der Landeskirche oder anderer übergeordneter Strukturen sein.

Die aktuelle Lage, in der sich Rahmenbedingungen wie Mitgliedschaftszahlen, finanzielle Möglichkeiten und weiteres teilweise sehr rasch verändern, führt zu einem hohen Entscheidungsdruck.

Die vorliegende Publikation versteht sich als ein Appell, auch unter verschärften Rahmenbedingungen und unter hohem Entscheidungsdruck klug überlegte Entscheidungen zu treffen, die auf einer gründlichen, durchdachten Analyse der Bedingungen und Möglichkeiten beruhen.

Wenn die oben genannten Schritte von einzelnen Verantwortungsträger*innen durchlaufen sind, sollte sich eine Befassung der zuständigen Gremien anschließen. Dafür bietet sich beispielsweise folgendes Verfahren an:

- Ein Gremium definiert bestimmte konzeptionelle Klärungsfragen (z. B. Zukunft der Kitas im Kirchenkreis) und klärt zunächst, welche Schieberegler es in welcher Weise setzen kann und will. Hierfür sind auch die Rahmenbedingungen und Herausforderungen in den Blick zu nehmen, also neben der Verfügbarkeit von Ressourcen die bereits entfalteten Grundentscheidungen (Schieberegler) zu fällen.

- Die Leitung des Gremiums setzt einen Prozess auf, in dessen Verlauf diese Publikation und das darin beschriebene Verfahren (Denken und Entscheiden auf der Basis von Szenarienbildung) dabei unterstützen, wichtige Entscheidungen zu treffen. Hierfür muss ein gewisser Zeitraum mit verschiedenen Sitzungen zur Verfügung stehen. Es könnte hilfreich sein, eine externe Moderation mit der Begleitung des Prozesses zu beauftragen.

- In einzelnen Sitzungen (oder idealerweise einer Klausurtagung) werden verschiedene Möglichkeiten genutzt, mit dem Text und dem beschriebenen Verfahren zu arbeiten wie beispielsweise die folgenden (alternativ gedacht):

  a) je zwei Gremienmitglieder spielen in paralleler Kleingruppenarbeit ein Szenario (inklusive Handlungsstrategien und Umsetzungsschritte) durch und geben es anschließend in die Diskussion im Plenum;
  b) das Gremium trifft Grundentscheidungen und klärt, welche Szenarien sich damit ergeben;

c) Gremienmitglieder priorisieren die Grundentscheidungen und die sich daraus ergebenden Szenarien;
d) soziometrische Aufstellungen zu den Grundentscheidungen
usw.

- Empfehlenswert ist es schließlich auch, die von den Entscheidungen betroffenen Mitarbeitenden anzuhören und einzubeziehen. Wenn es um das Thema Kita geht, ist beispielsweise ein Austausch mit den Kita-Mitarbeitenden und ggf. auch mit Elternvertretungen hilfreich.

Folgende Materialien werden zum Download und Ausdruck vor Ort bereitgestellt, die die Arbeit mit dem Text erleichtern:

- Plakat mit den oben genannten Entscheidungsschritten:
  1. Setzen der Schieberegler
  2. Ergänzen von Rahmenbedingungen, Herausforderungen, Grundorientierungen
  3. Entscheidung für ein Szenario
  4. Durchspielen von Handlungsstrategien und Entscheidung für eine Handlungsstrategie
  5. Festlegen erster Umsetzungsschritte

- Plakate mit Schiebereglervorlagen für die Erstellung eigener Szenarien

- Konkrete Anleitungen für die oben genannten Arbeitsmöglichkeiten (z. B. Durchspielen von Grundentscheidungen und Szenarien) in Form von Ablaufplänen für die Prozessmoderation

- Reflexionsfragen für verschiedene Zielgruppen

Zusammenfassung des Textes

Die evangelische Kirche befindet sich mitten in tiefgreifenden Transformationen. Der Text skizziert ein strategisches Rahmenkonzept für kirchliche Entscheidungsträger*innen zur vorausschauenden Entwicklung und differenzierten Wahrnehmung von Bildungsverantwortung.

Zukunft unter Unsicherheit – Szenarien als Denkstrategie

Da lineare Entwicklungen längst nicht mehr verlässlich vorhersehbar sind, plädiert der Text für ein Denken in Szenarien. Diese sollen Entscheidungsträger*innen unterstützen, unter Unsicherheitsbedingungen handlungsfähig zu bleiben. Ziel ist es, mögliche Zukünfte vorauszudenken, um heute begründete Entscheidungen treffen zu können.

Bildung als zentrale Dimension kirchlicher Identität

Evangelische Bildungsarbeit, – ob in Kindertagesstätten, Schulen, Konfi-Arbeit, Jugend- oder Erwachsenenbildung – ist integraler Bestandteil des kirchlichen Auftrags, Lehren und Lernen eine zentrale Dimension von Kirchlichkeit. Im Bildungshandeln kommt Kommunikation des Evangeliums zur Darstellung, darin und gleichzeitig geht es um eine aktive Mitgestaltung gesellschaftlicher Prozesse.

Strukturelle Herausforderungen

Kirche als Teil einer pluralen, individualisierten Gesellschaft mit zunehmender Säkularisierung und zugleich hohen Erwartungen, die an sie gerichtet werden, bei beschleunigtem Mitgliederrückgang, ist vor erhebliche organisationale Herausforderungen gestellt. Bildungssysteme verändern sich zudem durch Digitalisierung, Inklusion, Transnationalität und neue Qualitätsstandards. Kirchliche Akteur*innen finden in dieser Gemengelage zu neuen Rollen, ohne sich zwangsläufig aus relevanten Bildungsfeldern zurückzuziehen.

Grundentscheidungen als Weichenstellungen

Sechs zentrale Grundentscheidungen werden in diesem Text als „Schieberegler“ identifiziert, und zwar zur Kooperation mit dem Staat, zur gesellschaftlichen Reichweite, zur innerkirchlichen Logik, zur konfessionellen Ausrichtung, zum Fokus auf Subjekt oder Inhalt, und zum Kirchenverständnis. Diese bilden die Basis für differenzierte Szenarien.

Handlungsstrategien und Szenarien

Vier prototypische Strategien werden skizziert: Widerstand gegen Trends, Bündnisse mit Anderen, adaptive Anpassung und selektive Schwerpunktsetzung. Daraus leiten sich konkrete Szenarien für verschiedene Praxisfelder ab, nämlich Kindertagesstätten, Religionsunterricht, evangelische Schulen, Konfi-Arbeit, Jugendarbeit und Erwachsenenbildung.

Theologische und bildungstheoretische Reflexion

Kirchliche, bildungstheoretische und organisationale Deutungen ordnen die Szenarien für konzeptionell interessierte Leser*innen in weitere Kontexte ein. Diese Einordnungen sind als Hintergrundwissen deshalb wichtig, weil das jeweils zugrundeliegende Verständnis von Kirche und Bildung Verantwortliche maßgeblich dahingehend beeinflusst, welche Zukunftsvorstellungen entwickelt und welche Prioritäten gesetzt werden.

Verantwortung in der Praxis

Der Text gibt schließlich Anregungen für die eigenständige, weiterführende Reflexion und auch für kollektive Entscheidungsprozesse in Gremien. Ziel ist es, Szenarien in strategische Leitbilder zu überführen und Handlungsoptionen unter Ressourcenknappheit und zugleich mit theologisch fundierter Perspektive zu entwickeln.

Mitglieder der Arbeitsgruppe

Prof. Dr. Colin Cramer, Stiftungsprofessur für Erziehungswissenschaft an der Universität Konstanz (Deutschland) und der Pädagogischen Hochschule Thurgau (Schweiz)

Dr. Jens Dechow, Direktor des Comenius-Instituts, Münster

OKRin Dr. Friederike Erichsen-Wendt, Referatsleitung Strategische Planung und Wissensmanagement, EKD (Geschäftsführung)

Prof. Dr. Wolfgang Ilg, Professur für Jugendarbeit und Gemeindepädagogik, Evangelische Hochschule Ludwigsburg

Prof. Dr. Georg Lämmlin, Direktor des Sozialwissenschaftlichen Instituts der EKD

Hanna Lorenzen, Generalsekretärin Evangelische Akademien Deutschlands e.V., Berlin

Dr. Olga Lorgeoux, wissenschaftliche Mitarbeiterin und Projektleitung ZusammenWachsen, EKD

OLKRin Prof. Dr. Gudrun Neebe, Leiterin Dezernat Bildung, Evangelische Kirche von Kurhessen-Waldeck

OKR Matthias Otte, Referatsleitung Religionsunterricht und staatliche Schule, EKD (Geschäftsführung, bis Juni 2024)

Michael Peters, Generalsekretär der Arbeitsgemeinschaft Evangelische Jugend

Prof. Dr. Uta Pohl-Patalong, Professur für Didaktik des Religionsunterrichts / Praktische Theologie mit Schwerpunkt Homiletik und Kirchentheorie, Universität Kiel

Prof. Dr. Thomas Schlag, Professur für Praktische Theologie, Universität Zürich

Prof. Dr. Bernd Schröder, Professur für Religionspädagogik, Universität Göttingen (Vorsitzender)

OKRin Dr. Birgit Sendler-Koschel, Leiterin der Bildungsabteilung, EKD, (Mitglied der Projektgruppe; Geschäftsführung ab Juli 2024)

Prof. Dr. Henrik Simojoki, Professur für Praktische Theologie und Religionspädagogik, Humboldt-Universität Berlin (2. Vorsitzender)